Intimität und Immunität

Klaus M. Beier

Intimität und Immunität

Zum Einfluss der Sexualität auf Gesundheit und soziale Systeme

Klaus M. Beier
Charité – Universitätsmedizin Berlin
Institut für Sexualwissenschaft und Sexualmedizin
Berlin, Deutschland

ISBN 978-3-662-70463-9   ISBN 978-3-662-70464-6 (eBook)
https://doi.org/10.1007/978-3-662-70464-6

Die Deutsche Nationalbibliothek verzeichnet diese Publikation in der Deutschen Nationalbibliografie; detaillierte bibliografische Daten sind im Internet über https://portal.dnb.de abrufbar.

© Der/die Herausgeber bzw. der/die Autor(en), exklusiv lizenziert an Springer-Verlag GmbH, DE, ein Teil von Springer Nature 2025

Das Werk einschließlich aller seiner Teile ist urheberrechtlich geschützt. Jede Verwertung, die nicht ausdrücklich vom Urheberrechtsgesetz zugelassen ist, bedarf der vorherigen Zustimmung des Verlags. Das gilt insbesondere für Vervielfältigungen, Bearbeitungen, Übersetzungen, Mikroverfilmungen und die Einspeicherung und Verarbeitung in elektronischen Systemen.
Die Wiedergabe von allgemein beschreibenden Bezeichnungen, Marken, Unternehmensnamen etc. in diesem Werk bedeutet nicht, dass diese frei durch jede Person benutzt werden dürfen. Die Berechtigung zur Benutzung unterliegt, auch ohne gesonderten Hinweis hierzu, den Regeln des Markenrechts. Die Rechte des/der jeweiligen Zeicheninhaber*in sind zu beachten.
Der Verlag, die Autor*innen und die Herausgeber*innen gehen davon aus, dass die Angaben und Informationen in diesem Werk zum Zeitpunkt der Veröffentlichung vollständig und korrekt sind. Weder der Verlag noch die Autor*innen oder die Herausgeber*innen übernehmen, ausdrücklich oder implizit, Gewähr für den Inhalt des Werkes, etwaige Fehler oder Äußerungen. Der Verlag bleibt im Hinblick auf geografische Zuordnungen und Gebietsbezeichnungen in veröffentlichten Karten und Institutionsadressen neutral.

Planung: Christine Ströhla
Lektorat: Andreas Wessel
Springer ist ein Imprint der eingetragenen Gesellschaft Springer-Verlag GmbH, DE und ist ein Teil von Springer Nature.
Die Anschrift der Gesellschaft ist: Heidelberger Platz 3, 14197 Berlin, Germany

Wenn Sie dieses Produkt entsorgen, geben Sie das Papier bitte zum Recycling.

Vorwort

Die Bedeutung des Anderen für das Eigene – dies war ein zentraler Gedanke Wilhelm von Humboldts, der nicht nur der Begründer der Berliner Universität gewesen ist, sondern als wichtiger Wegbereiter der wissenschaftlichen Auseinandersetzung mit menschlicher Sexualität gilt. In seinen Geschlechterstudien hat er die Differenz als wichtigste Voraussetzung von Entwicklung gekennzeichnet: Am Anderen zu wachsen verlangt nach seiner Auffassung, sich im Dialog aufeinander einzulassen und die Entwicklung des Anderen zu befördern, um im Gemeinsamen jenes „unermessliche Ganze" zu bilden.

In keinem anderen Indikationsgebiet der Medizin ist es von so maßgeblicher Bedeutung, diesen Gedanken systematisch zu berücksichtigen wie in der klinischen Befassung mit Beeinträchtigungen der Sexualität, denn diese ist auf Wir-Bildung hin angelegt und verwirklicht sich am intensivsten im Miteinander, also der intimen Beziehung zu einem anderen Menschen. Gleichwohl stellen sich dieser Verwirklichung Hürden in den Weg, welche erschweren, die Beziehung als das zu sehen, was sie sein kann – nämlich eine Ressource für Gesundheit. Das sichtbar zu machen, ist Aufgabe dieses Buches: Die immunisierende, gesundheitsfördernde Kraft gelungener Beziehungen genauso aufzuzeigen wie die Hindernisse, die sich speziell für Menschen – anders als für andere sozial organisierte Säugetiere einschließlich der nichtmenschlichen Primaten – ergeben können, um diese Kraft in Anspruch zu nehmen.

Eingeflossen sind kurze Fallberichte aus mehr als 30-jähriger klinischer Erfahrung in der sexualmedizinischen Praxis, welche die Zusammenhänge plausibel machen sollen, wobei darauf geachtet wurde, dass eine Erkennbarkeit der Personen bzw. Paare ausgeschlossen ist.

Verdeutlicht werden soll hierdurch, dass die kognitiven Fähigkeiten des Menschen, welche diesem – wie sonst keiner anderen Spezies – die reflexive Gewissheit seiner selbst, die Erfassung der Zeit-Dimension sowie nahezu unbegrenzte Fantasietätigkeit ermöglichen, einer Selbstrücknahme im Wege stehen, die jedoch für eben jenen partnerschaftlichen Dialog benötigt wird, um den Beteiligten das emotional stabilisierende Gefühl der Akzeptanz zu vermitteln, das sich besonders intensiv über körperliche Annahme vollzieht. Da dies ein existenzielles Grundbedürfnis jedes Menschen darstellt, kann es zu gesundheitlichen Beeinträchtigungen führen, wenn es nicht erfüllt wird. Die Erfüllung aber – das Angenommen-Werden – ist nicht aus sich selbst heraus zu erlangen, sondern an andere gebunden und darum eine Form der Abhängigkeit, welche die freie Entfaltung der eigenen Kräfte erst ermöglicht.

Diesen Grundgedanken vielen Menschen so früh wie möglich nahezubringen, um eine stärkere Achtsamkeit für die Gesundheitsressource Beziehung entwickeln zu helfen, ist Aufgabe dieses Buches, welches sich an alle richtet, deren Interesse der Gesundheit und ihrer Vernetzung mit sozialen Systemen gilt.

Berlin, Deutschland   Klaus M. Beier
im Februar 2025

Einleitung

Die nachfolgenden Darlegungen thematisieren Erscheinungsformen menschlicher Gemeinsamkeit – sei es in der Paarbindung, der Gruppe oder der Gesellschaft. Sie orientieren sich dabei sowohl an den stammesgeschichtlichen Wurzeln des Menschen, die uns mit anderen sozial organisierten Säugetieren verbinden, als auch an seinen spezifischen Besonderheiten, die uns selbst von unseren nächsten nichtmenschlichen Verwandten unter den Primaten deutlich unterscheiden.

Damit wird das große Feld der Anthropologie betreten, der Lehre und Wissenschaft vom Menschen. Diese ermöglicht Zugänge aus unterschiedlicher Perspektive, die bislang insbesondere aus philosophischer, historischer, pädagogischer und sozialwissenschaftlicher Sicht geschaffen wurden. Eine diesbezüglich schwerpunktmäßige Berücksichtigung der Sexualität des Menschen fehlt bisher.

Diese Lücke soll hier unter Nutzung des ganzheitlichen und interdisziplinären Ansatzes der Sexualwissenschaft geschlossen werden. Zum zentralen Untersuchungsgegenstand wird vor diesem Hintergrund die menschliche Sexualität und deren Einfluss auf das Gemeinsame – sowohl in partnerschaftlichen Beziehungen als auch in Gruppen und Systemen als Hervorbringungen der menschlichen Kultur.

Dabei berücksichtigt die sexualwissenschaftliche Analyse stets alle drei Dimensionen der Sexualität (Lust, Beziehung und Fortpflanzung, vgl. Abschn. 1.1) einschließlich ihrer vielfältigen (individuellen und überindividuellen) Funktionen. Diese Sichtweise bedeutet aber zugleich eine Abkehr von dem die abendländische Tradition prägenden dualistischen Menschenbild, also der Aufspaltung in geistige und körperliche Vorgänge. Sie erfordert grundsätzliche Überlegungen zu einem ganzheitlichen Verständnis menschlicher Sexualität, aus dem sich eine andere Gewichtung ihrer Kommunikations- und Fortpflanzungsaufgaben ergibt.

Im Unterschied zu früheren dualistischen Sichtweisen sind die beteiligten körperlichen, psychischen und sozialen Faktoren immer zugleich wirksam. Anstelle eines „entweder-oder" (z. B. entweder Körper oder Psyche) wird daher ein „und-zugleich" gesetzt.

Dies sei auch deshalb hervorgehoben, weil es im medizinischen Alltag immer noch weitverbreitet ist, die „Und-zugleich"-Sichtweise unberücksichtigt zu lassen: Es wird in der Regel auf die Suche gegangen nach somatischen Gründen für eine Erkrankung. Wenn diese nicht gefunden werden, wird eine psychische Problematik in Betracht gezogen und dabei übersehen, dass beide Ebenen immer verschränkt sind. So ist auch ein Laborwert immer nur eine Momentaufnahme der biopsychosozialen Verfasstheit eines Menschen zum Zeitpunkt der Blutabnahme. Insbesondere bedarf es einer stärkeren Berücksichtigung der gegenseitigen Durchdringung dieser Ebenen, die zudem durch den Austausch mit anderen Menschen beeinflusst werden.

Stammesgeschichtlich betrachtet, wurzelt die menschliche Sexualität in der für sozial organisierte Säugetiere kennzeichnenden Entwicklung bindungsfördernder Verhaltensweisen, die zunächst dem Zweck der Fürsorge um den Nachwuchs dienten. Die evolutive Hervorbringung des Neuhirns beim Menschen ging dann einher mit einer bedeutsamen Erweiterung kognitiver Fähigkeiten, welche die reflexive Gewissheit von sich selbst sowie die Erfassung der Zeit-Dimension zur Folge gehabt hat. Beides markiert die anthropologischen Grundlagen kultureller Entwicklungen, die hier im Folgenden in ihren Auswirkungen auf die menschliche Sexualität untersucht werden sollen.

Eine Auseinandersetzung mit der Zeit ist nur möglich, wenn das Verhältnis von Vergangenheit, Gegenwart und Zukunft bewusst erfasst werden kann. Dies ist eine kognitive Leistung, die nur der Mensch zu erbringen vermag, der sich stets mit dem „Wesen der Zeit" beschäftigt hat. In systematischer Weise geschah dies in der antiken Philosophie insbesondere durch Aristoteles (384–322 v. Chr.), der die Zeit nicht zum „Seienden" gerechnet hat, weil sie sich zusammensetzt aus dem Früheren (mithin Zeit, die bereits vorübergegangen ist und insofern nicht mehr seiend sein kann) oder dem Zukünftigen (jener Zeit, die noch bevorsteht und insofern noch nicht ist und infolgedessen nicht seiend sein kann). Interessanterweise hat er die Gegenwart, das „Jetzt", der Zeit gar nicht zugerechnet, denn die Zeit bestünde offensichtlich nicht aus den „Jetzten" (Aristoteles 1987, S. 205).

Gleichwohl wird das menschliche „Jetzt" bestimmt von jener Bewertung des Vergangenen und ihrer Projektion auf das Zukünftige. Das reine Gegenwartserleben ohne den Rückblick und die Zukunftssicht wäre insofern ein Leben im Augenblick und eine temporäre Befreiung von den Reflexionsprozessen, welche den gegenwärtigen Moment eintrüben, etwa indem man angstvoll in die Zukunft blickt, weil man das Eintreten eines Ereignisses befürchtet.

Genau diese Reflexionsprozesse liegen aber der menschlichen Vorstellungskraft zugrunde und formen die menschliche Fantasietätigkeit, die sich als grenzenlos offenbart – „alles ist möglich, nichts ist verboten" (Nietzsche) – und auch viele der (menschenspezifischen) psychischen Belastungen erklärt (etwa Angst- oder Zwangsstörungen), die nur dann entstehen können, wenn ein Bewusstsein von der Zukunft gegeben ist.

Diese grundsätzlichen Überlegungen sind hier deshalb von erheblicher Bedeutung, weil eben auch die Erfüllung von Grundbedürfnissen (nach Annahme, Vertrauen, Wertschätzung etc.) von jedem Individuum in einen (biografisch) historischen wie auch zukünftigen Zusammenhang gestellt wird und dadurch ein unbefangenes Erleben der Gegenwart zu erschweren vermag. Die Resultate dieser Evaluationsprozesse haben folglich Einfluss auf das gegenwärtige Sein, weil sie die – erst mit den sozial organisierten Säugetieren entstandenen – bindungsstärkenden Erlebens- und Verhaltensweisen selbst betreffen.

Diese sind darauf angelegt, durch körperliche Nähe mit vertrauten Artgenossen eine Deaktivierung von Ängsten und Stress zu vermitteln und auf diese Weise für Entspannung und Sicherheit zu sorgen: Sie immunisieren durch intime Vertrautheit, wie sie insbesondere im Rahmen der Brutpflege dem Nachwuchs zuteil wird.

Diese bindungsstabilisierende Form der Intimität ist beim Menschen zwar prinzipiell noch anzutreffen, kann aber nur noch bedingt in Anspruch genommen werden, weil sie überlagert ist von kulturellen Einflüssen, die dadurch attraktiv sind, dass sie ihrerseits einen immunisierenden Effekt in Aussicht stellen. Es entsteht eine Konkurrenz um Immunisierung im Sinne der Verfügbarmachung einer stärkenden Kraft durch die Teilhabe am Gemeinsamen, die nur vom Menschen aufgrund seiner Erkenntnismöglichkeiten einer fortlaufenden Bewertung unterzogen werden.

Dieses ständige Bewerten lässt sich auch nicht abstellen, genauso wenig wie das tief verwurzelte Bedürfnis nach Bindung, das sich ebenfalls nicht außer Kraft setzen lässt.

Damit verknüpft ist die Abhängigkeit vom anderen, denn die Bindung kann nur durch einen anderen Menschen zustande kommen. Abhängigkeit widerspricht aber dem Streben nach freier Entfaltung, welches beflügelt wird von eben jener grenzenlosen Vorstellungskraft des Menschen, die für ihn nur aufgrund seiner kognitiven Fähigkeiten verfügbar ist. Er ersinnt Strategien, die ihn immunisieren sollen, welche aber paradoxerweise zur Folge haben können, seine Immunität zu schwächen.

Dieser Grundkonflikt ist evolutiv neu und soll hier einer eigenständigen Analyse unterzogen werden. Im Ergebnis sollen Erkenntnisse darüber gewonnen werden, wie sich trotz dieser Einschränkungen die individuelle Entfaltung in einer Weise fördern lässt, welche die immunitätsstärkende Teilhabe am Gemeinsamen begünstigt, wie sie von allen Individuen angestrebt wird.

Inhaltsverzeichnis

1	Gemeinsamkeit – Was stärkt uns?	1
2	Individualität – Was begrenzt uns?	13
3	Differenz – Was unterscheidet uns?	31
4	Akzeptanz – Was schützt uns?	75
5	Gesundheit durch Beziehung	111
Literatur		123

1

Gemeinsamkeit – Was stärkt uns?

Inhaltsverzeichnis
1.1 Intimität mit Anderen 6
1.2 Immunität durch Andere 9

Die Weltgesundheitsorganisation (WHO) definierte bei ihrer Gründung 1948 Gesundheit als „Zustand des vollständigen körperlichen, geistigen und sozialen Wohlergehens und nicht nur das Fehlen von Krankheit oder Gebrechen". Ergänzt wurde: „Der Besitz des bestmöglichen Gesundheitszustandes bildet eines der Grundrechte jedes menschlichen Wesens, ohne Unterschied der Rasse, der Religion, der politischen Anschauung und der wirtschaftlichen oder sozialen Stellung." Diese Definition liegt auch der aktuellen Verfassung der WHO zugrunde.[1]

Der „bestmögliche Gesundheitszustand" ist geknüpft an eine möglichst kontinuierlich bestehende Widerstandskraft gegenüber gesundheitsbedrohenden Risiken, was letztlich das Konzept der *Immunität* widerspiegelt. Sprachgeschichtlich geht Immunität auf das Lateinische „Immunitas" zurück. Dies meinte im Römischen Reich ein Privileg, das den Betreffenden von Abgaben (dem *munus*) befreit. Es war also ein Freisein von Steuerpflichten und entwickelte sich zunächst zu Konzepten der mittelalterlichen Kirchenimmunität

---

[1] „Health is a state of complete physical, mental and social well-being and not merely the absence of disease or infirmity.

The enjoyment of the highest attainable standard of health is one of the fundamental rights of every human being without distinction of race, religion, political belief, economic or social condition." (https://www.who.int/publications/m/item/constitution-of-the-world-health-organization, abgerufen am 10.08.2024).

© Der/die Autor(en), exklusiv lizenziert an Springer-Verlag GmbH, DE, ein Teil von Springer Nature 2025
K. M. Beier, *Intimität und Immunität*, https://doi.org/10.1007/978-3-662-70464-6_1

und schließlich der diplomatischen Immunität, bevor es mit der „Immunologie" zur Benennung einer medizinischen Disziplin wurde, die sich u. a. mit der Resistenz gegen Infektionen befasst.

Als Erstbeschreiber der biologischen Immunität gilt der griechische Geschichtsschreiber Thukydides (454–399 v. Chr.), der in seinem Bericht über den Peloponnesischen Krieg, in dem er selbst als einer der verantwortlichen Militärführer teilnahm, die Attische Seuche (430–426 v. Chr.) detailliert beschrieb. Er war selbst daran erkrankt, überlebte die Epidemie (der Erreger ist bis heute unbekannt) und überlieferte sein Wissen um die gewonnene Resistenz der Überlebenden gegen eine spätere Wiederansteckung: „… denn zweimal über denselben fiel die Krankheit nicht her, jedenfalls nicht mit tödlichem Ausgang" (Thukydides 2017, S. 375). Er beschrieb hier die biologische Immunität durch die überwundene Infektionskrankheit.

Später wurde Thukydides seine politische Immunität wegen vermeintlich fehlerhafter Kriegsführung abgesprochen: Er wurde verbannt. Man kann also an seinem Beispiel unterscheiden zwischen der *biologischen und der psychosozialen Immunität*. Daher wird der folgenden Betrachtung ein breiteres Verständnis von Immunität zugrunde gelegt: einerseits hinsichtlich des biologischen Zustands eines Organismus, in welchem ausreichende Abwehrmechanismen gegenüber krank machenden Antigenen (z. B. Viren, Bakterien) bestehen, andererseits hinsichtlich der psychosozialen Widerstandskraft gegenüber den Herausforderungen des Lebens, denen man genauso wenig entgehen kann wie den Kontakten mit viralen oder bakteriellen Krankheitsverursachern.

Im biologischen Sinne kommt Immunität zum einen durch unspezifische, angeborene Abwehrmechanismen des Körpers zustande, die Erreger bekämpfen und ausschalten können. Zum anderen gibt es die erworbene Immunität, welche als ein erregerspezifischer Schutz z. B. nach einer Infektion entweder mit folgender Erkrankung oder durch die sogenannte „Stille Feiung" nach einem symptomlosen Verlauf hervorgerufen wird oder aber künstlich durch eine Impfung erzeugt wird. Das Lateinische „immunitas" ist dann nicht die Freiheit von einer Abgabe, sondern die „Freiheit von Krankheit" als Ausdruck von Gesundheit.

Nach dem Mechanismus, der zur Immunität gegenüber bestimmten Pathogenen geführt hat, werden in der modernen Immunitätslehre unterschieden:

1. eine „humorale Immunität" durch spezialisierte Antikörper, die in den Körperflüssigkeiten (Blut, Lymphe) befindliche Antigene binden können, sowie
2. die „zellvermittelte Immunität", die über spezifisch sensibilisierte, immunkompetente Zellen funktioniert. Immunität kann vorübergehend, länger anhaltend oder lebenslang bestehen.

Dies lässt sich umstandslos auf psychosoziale Prozesse übertragen: Immunität gegenüber krank machenden psychischen und sozialen Einflussfaktoren kann angeboren sein – etwa als stärkere Resilienz bezüglich der Entwicklung von Angststörungen als Ausdruck von Persönlichkeitseigenschaften (vgl. Abschn. 2.1) – oder erworben durch die immunitätsstärkende Teilhabe am Gemeinsamen, die in unterschiedlicher Weise und Ausprägung erfolgen kann. So ist auch das Ausmaß an Vulnerabilität bezüglich der verschiedensten Stressoren unterschiedlich und erklärt, warum die einen früher, die anderen später und wiederum manche gar nicht erkranken.

In dem Zusammenhang ist die Rolle der *Intimität* bislang wenig bedacht worden, obschon diese – im Falle einer positiven Ausgestaltung – besonders geeignet ist, sowohl psychosozial als auch biologisch zu immunisieren, also eine biopsychosoziale Immunität zur Folge haben kann.

Intimität (von lateinisch *intimus*, dem Superlativ zum lateinischen *interior*) bezeichnet das „Innerste" und zielt in der sprachgeschichtlichen Bedeutung auf das innerlich „Nächste", das „besonders Vertraute", also auf einen persönlichen Verweisungszusammenhang, etwa den vertrauten Freund als „Intimus", und damit einen Zustand tiefster Vertrautheit. Intimität ist geknüpft an eine Intimsphäre im Sinne eines persönlichen Bereichs, in dem sich jene Vertrautheit ereignen kann, die eben nicht mit fremden Personen möglich ist. Es handelt sich insofern um einen besonders geschützten Raum, weshalb eine Verletzung der Intimität – etwa durch Eröffnung dieses Raums gegenüber Außenstehenden – traumatisierend sein kann.

Intimität ist nicht an sexuell erregende Handlungen gebunden, da diese zum einen auch ohne jede Vertrautheit umsetzbar sind und zum anderen sehr tiefgehende Vertrautheit ohne sexuelle Interaktionen bestehen kann. Sie beinhaltet aber – abgesehen von religiösen Beziehungen zu einer göttlichen Instanz – immer körperliche Nähe zur vertrauten Person, welche mit Menschen, zu denen ein entsprechendes Vertrauensverhältnis nicht besteht, nicht umsetzbar wäre.

Diese körperliche Intimität lässt sich nicht mit sich selbst herstellen, da die entsprechenden neurobiologischen Veränderungen nur durch das Zutun eines anderen erfolgen. Dass es sich dabei nicht um fremde Personen handeln kann, wird sofort ersichtlich, wenn man sich mit diesen eine vergleichbare Nähe vorstellt, welche beispielsweise im Menschengedränge entstehen könnte. In experimentellen Untersuchungen ist auch gezeigt worden, dass man Fremden gegenüber bemüht ist, körperliche Distanz zu wahren, sodass ein gewisser Mindestabstand eingehalten wird, der das Entstehen von körperlicher Nähe gerade verhindern soll (Scheele et al. 2012).

Wissenschaftliche Studien legen nahe, dass die Wahrscheinlichkeit, den „bestmöglichen Gesundheitszustand" zu erreichen, mit dem Ausmaß positiv erlebter intimer Beziehungen wächst, also solcher, welche körperliche Nähe möglich machen und auf diese Weise immunisieren. In großen internationalen Untersuchungen konnte eindrucksvoll belegt werden, dass Mangel an menschlicher Nähe, Einsamkeit und soziale Introversion unabhängig von Alter, Geschlecht und sozioökonomischem Status die Entwicklung der verschiedensten Krankheiten fördern, während Nähe, Bindung und Liebe mächtige schützende Faktoren sind (Ornish et al. 1998).

Hierzu passen die Daten der Metaanalyse von Holt-Lunstad et al. (2010), in der 150 Studien mit mehr als 300.000 Probanden hinsichtlich schützender Faktoren bezogen auf die Sterblichkeit bei chronischen Erkrankungen untersucht wurden. Hiernach ist die *Qualität sozialer Beziehungen* der Faktor mit dem größten lebenserhaltenden Effekt. Zu den empirisch gesicherten Schutzfaktoren vor der Entstehung psychischer und psychosomatischer Störungen gehören u. a. ein „sicheres Bindungsverhalten", eine „dauerhafte, gute Beziehung zu mindestens einer primären Bezugsperson", „soziale Förderung" und „verlässlich unterstützende Bezugsperson/en im Erwachsenenalter" (Egle et al. 1997).

Vielfältige Befunde zu den Auswirkungen sozialer Bindungen auf die körperliche Gesundheit (z. B. Einflussnahme auf das Herz-Kreislauf-System, aber eben auch auf das immunologische System etc.) verdeutlichen, dass zufriedenstellende Beziehungen eine Gesundheitsressource darstellen (Eisenberger und Cole 2012).

Das hirnphysiologische Korrelat für die Verschaltung dieser psychosozialen Immunität ist ein zerebrales System, welches Vertrautheit und Zugehörigkeit vermittelnde körperliche Signale – übermittelt durch Sehen, Hören, Riechen und Tasten – zu den emotionalen Grundmustern von Geborgenheit und Sicherheit verarbeitet. Es erfüllt auf diese Weise eine stress-, angst- und aggressionsmindernde Funktion (Beier et al. 2021).

So konnten Bartels und Zeki (2004) zeigen, dass die gleichen Gehirnregionen reagieren, wenn Müttern Bilder ihrer Kinder oder ihrer Partner (im Vergleich zu entfernt Bekannten als Kontrollpersonen) vorgelegt wurden. Die Funktionen für Angst und Ablehnung, die hirnphysiologisch im sogenannten Mandelkern (Amygdala) verortet sind, werden dabei deaktiviert. Neurobiologisch gesprochen, werden Ängste und Befürchtungen heruntergeregelt, um eine nahe Interaktion zuzulassen. Zugleich werden Teile des Frontalhirns deaktiviert, also „kritisches Denken" vermindert, was in dem volkstümlichen Sprichwort „Liebe macht blind" zum Ausdruck kommt. In einer weiteren Studie von Zeki und Romaya (2010) wurde deutlich, dass dies unabhängig von der sexuellen Orientierung zu sehen ist, also gleichgeschlechtlich orientierte Menschen auf den geliebten Partner in gleicher Weise reagieren.

Das menschliche Gehirn ist folglich ein auf zwischenmenschliche Beziehungen eingestelltes und von Bindungen abhängiges System. Dabei wird dem Neuropeptid Oxytocin – experimentellen Befunden zufolge – eine prominente Rolle zugeschrieben (Meyer-Lindenberg et al. 2011), demzufolge es für die psychobiologische Stressantwort bzw. -reduktion in Paarbeziehungen eine relevante Größe darstellt (Ditzen et al. 2009).

Gleiches gilt auch für das Opiatsystem: In einer finnischen Studie konnte gezeigt werden, dass bereits Berührungen durch die vertraute Partnerin die Expression von „µ-Opioid-Rezeptoren" im Gehirn des Gestreichelten erhöhen. Diese stehen in unmittelbarem Zusammenhang mit dem Belohnungssystem, d. h., die gestreichelte Person schaltet auf Gewinnerwartung um, welche in einem Entspannungszustand durch Stressreduktion besteht (Nummenmaa et al. 2016).

Beide Systeme interagieren: Die Mandelkerne reagieren auf Oxytocin, während zugleich in dessen Anwesenheit Opioide effektiver wirken, wobei die verschiedenen Subtypen des Neurotransmitters Dopamin eine zusätzliche Rolle spielen. Zudem verfügen soziale Säugetiere über spezielle Nervenfasern in der Haut (sogenannte „C-taktile Afferenzen"), welche fürsorgliche körperliche Berührungen genau zu jenen Hirnzentren leiten, welche Emotionen verschalten.

Es ist gut untersucht, dass diese Berührungen in bestimmter Weise erfolgen müssen (etwa bezüglich Temperatur, Druck und Geschwindigkeit der ausgeführten Bewegung), um eine optimale Signalstärke zu erzeugen (Ackerley et al. 2014). Diese tritt nicht ein, wenn man sich selbst streichelt, weil das Gehirn in diesem Fall die Wahrnehmungsschwellen sofort heraufsetzt. Das ist auch der Grund, warum man sich nicht selbst kitzeln kann. Ebenso gilt übrigens, dass man sich nicht selbst trösten kann.

Allein die körperliche Nähe zu einer vertrauten Bezugsperson führt also zu neurophysiologischen Umstellungen, denen durch ihre stressdeaktivierende Wirkung eine gesundheitsfördernde Bedeutung zugeschrieben werden kann. Es wundert daher nicht, dass die WHO in nahezu gleichlautender Weise *sexuelle Gesundheit* definiert wie die allgemeine Gesundheit, nämlich als „Zustand körperlichen, emotionalen, geistigen und sozialen Wohlbefindens bezogen auf die Sexualität" und eben „nicht nur die Abwesenheit von Krankheit, Funktionsstörungen oder Schwäche". Weiter heißt es: „Sexuelle Gesundheit erfordert sowohl eine positive, respektvolle Herangehensweise an Sexualität und sexuelle Beziehungen als auch die Möglichkeit für lustvolle und sichere sexuelle Erfahrungen, frei von Unterdrückung, Diskriminierung und Gewalt. Wenn sexuelle Gesundheit erreicht und bewahrt werden soll, müssen die sexuellen Rechte aller Menschen anerkannt, geschützt und eingehalten werden" (WHO-Regionalbüro für Europa und BZgA: Standards für die Sexualaufklärung in Europa, 2011).

Unverkennbar betont wird hier die *Beziehungsdimension von menschlicher Sexualität*, welche neben ihrer Bedeutung für den Lustgewinn und die Reproduktion (vgl. Abschn. 1.1) besonderer Berücksichtigung bedarf, wenn es um die Erlangung von *Immunität durch Intimität* geht.

Sobald dieses erweiterte Verständnis von Sexualität zugrunde gelegt wird, wonach körperliche Nähe auch ohne sexuelle Erregung und Erregungshöhepunkte Ausdruck positiv erlebter Intimität in der Beziehung sein kann, wird diese zentraler Bestandteil von allgemeiner Gesundheit. Anders ausgedrückt: Indem man zwischenmenschliche Bindungen fördert, die jene stressmindernde Intimität möglich machen, fördert man die Immunität und damit die Gesundheit nicht einer einzelnen, sondern (mindestens) gleich zweier Personen.

Umgekehrt entfalten negativ besetzte Intimbeziehungen destruktive Potenziale, indem sie das Stressgeschehen verstärken, statt es abzuschwächen. Dies ist beispielsweise die unmittelbare Folge von sexuellen Traumatisierungen, deren zerstörerische Kraft für die weitere Entwicklung der Betroffenen immer noch unterschätzt wird (vgl. Kap. 3).

1.1 Intimität mit Anderen

Sexualität weist unterschiedliche Dimensionen auf (Multidimensionalität der Sexualität) und kann verschiedene Funktionen erfüllen (Multifunktionalität der Sexualität), die allerdings in enger Wechselbeziehung stehen.

Zu unterscheiden sind:

- die Lustdimension, d. h. ihre Bedeutung für alle Möglichkeiten des Lustgewinns durch sexuelles Erleben;
- die Beziehungsdimension, d. h. ihre Bedeutung für die Befriedigung biopsychosozialer Grundbedürfnisse nach Akzeptanz, Nähe, Sicherheit und Geborgenheit durch sexuelle Kommunikation in Beziehungen;
- die Fortpflanzungsdimension, d. h. ihre Bedeutung für die Reproduktion.

Der stammesgeschichtlich engste Berührungspunkt zwischen Mensch und Tier ist die *Fortpflanzungsdimension* der Sexualität. Sie ist bei der Frau auf die Zeit der Fortpflanzungsfähigkeit zwischen Pubertät und Menopause beschränkt, beim Mann ab der Pubertät bis ins hohe Alter (allerdings mit abnehmender Zeugungsfähigkeit) vorhanden und zudem von biografischen Entscheidungen abhängig, also fakultativ. Durch die Verfügbarkeit zuverlässiger Methoden zur Empfängnisverhütung und durch die Entwicklung der Reproduktionsmedizin ist eine weitgehende Entkopplung der Beziehungs- und Lustdimension von der Fortpflanzungsdimension möglich geworden.

Die *Beziehungsdimension* (auch als *syndyastische Dimension* bezeichnet; siehe unten und vgl. Beier und Loewit 2004) tritt in der stammesgeschichtlichen Entwicklung später auf, ist aber für den heutigen Menschen ohne Zweifel ein integraler Bestandteil der Sexualität. Ihre Bedeutung resultiert aus der bereits hervorgehobenen Tatsache, dass der Mensch ein Beziehungswesen ist, dessen Grundbedürfnisse nach Nähe, Annahme und Geborgenheit nur in Beziehungen erfüllt werden können. Dies geschieht im Kindesalter durch körperliche Erfahrungen des Angenommenwerdens (z. B. das schützende Halten des Säuglings beim Stillen). Die interaktionelle und körpersprachliche Vermittlung von Gefühlen bestimmt von Geburt an die menschliche Entwicklung und bleibt ein Kernmerkmal der Beziehungsgestaltung. Sie ist zunächst nicht auf die Genitalien angewiesen, ermöglicht aber gleichwohl eine tiefe Zufriedenheit, die sich durch Haut- und Blickkontakt, überhaupt Sinneseindrücke, ergibt. Die Beziehungsdimension ist deshalb – unter Berücksichtigung der nichtgenitalen Anteile der Sexualität – die erste „sexuelle" Erlebnisdimension, die später durch die Möglichkeiten genital-sexueller Kommunikation erweitert wird. Auch die genital-sexuellen Erfahrungsmöglichkeiten sind Teil der interaktionellen körpersprachlichen Kommunikation, die durch Einbeziehung der Genitalien und der daraus resultierenden sinnlichen Erfahrungsmöglichkeiten dieselben Grundbedürfnisse nach Annahme, Nähe und Geborgenheit verwirklichen und erfüllen kann.

Evolutionär ist dies aus dem Brutpflegeverhalten hervorgegangen, welches die sozial organisierten Säugetiere kennzeichnet. Dies wurde über die Fürsorgebeziehung zum Kind auf andere Gruppenangehörige ausgedehnt, um soziale Bindungen zu stärken. Dadurch entstanden Formen körperlicher Nähe, für die es erforderlich ist, Angstfreiheit zu ermöglichen und Rangordnungen außer Kraft zu setzen, also neurobiologische Mechanismen zu entwickeln, um diese Nähe zuzulassen. Das im Verlauf der Evolution immer differenzierter werdende Sexualverhalten hat folglich eine soziale Bedeutung zur Förderung von Paarbindung und Gruppenzusammenhalt.

Die *Lustdimension* gibt der Sexualität durch das einzigartige sinnliche Erleben von sexueller Erregung und Orgasmus eine Qualität, die sie von anderen menschlichen Erfahrungsmöglichkeiten abhebt. Die sexuelle Lust begründet die Motivation der Sexualität und stellt zugleich Antrieb und Belohnung sexuellen Verhaltens dar. Im subjektiven Erleben, in der Autoerotik und in der Erfahrung von erotischer Anziehung, Leidenschaft und Ekstase kann die Lustdimension ganz im Vordergrund stehen. Sie lässt sich aber dennoch schwer isoliert betrachten, weil sie mit den anderen Funktionen eng verbunden ist und infolgedessen Auswirkungen auf die Beziehungs- und Fortpflanzungsdimension haben kann, so wie das umgekehrt jeweils auch gilt (Abb. 1.1).

Maßgeblich ist die Überschneidung der drei Dimensionen, die auch neurophysiologisch durch eine vernetzte Regulation zum Ausdruck kommt und insofern verdeutlicht, dass die Signale der Akzeptanz und Wertschätzung durch Andere, d. h. die Beziehungsdimension, bei allen Prozessen, die Lust und Fortpflanzung betreffen, genauso relevant sind.

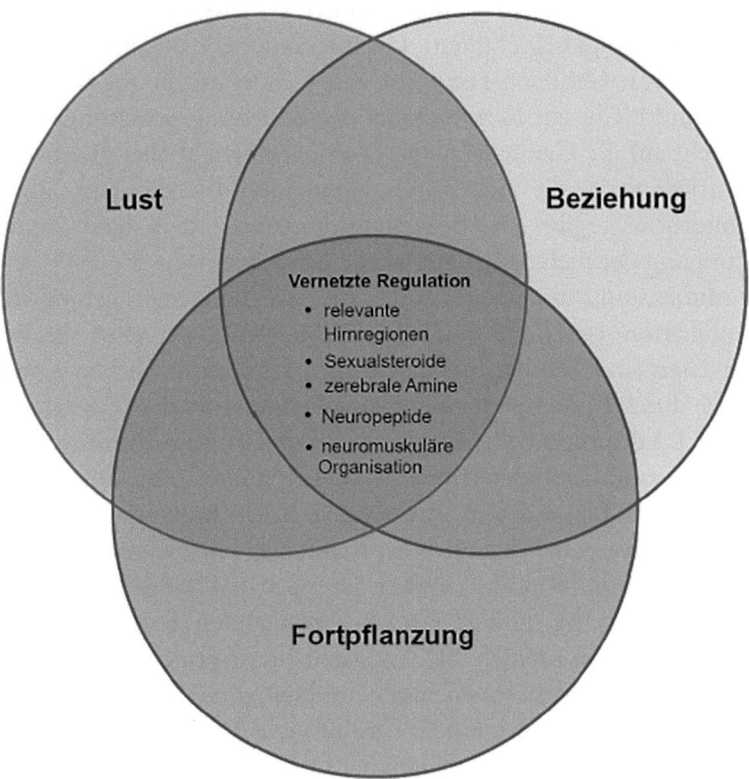

Abb. 1.1 Neuronal vernetzte Regulation der drei Dimensionen der menschlichen Sexualität. (Beier et al. 2021)

1.2 Immunität durch Andere

Dass in der „Natur des Menschen" Gemeinschaftsbezüge angelegt sind und dies insbesondere für die Zweierbeziehung gilt, hat Aristoteles in seiner „Nikomachischen Ethik" herausgestellt. Ihm zufolge ist von einer „natürlichen Neigung des Menschen zur Paarbildung" auszugehen, welche „stärker" sei als die zur „Bildung von größeren Gemeinschaften, so wie ja auch die Hausgemeinschaft früher und wichtiger ist als die des Staates" (Aristoteles, Nikomachische Ethik, Buch VIII, Kap. 12).

Aristoteles hat in dem Zusammenhang den Sachverhalt des „Einandervertraut-Werdens" (*synoikeiousthai*) im Sinne von Zugehörigkeit erläutert und die Beziehung zu einem bedeutsamen Anderen im Sinne der Paarbeziehung mit einem eigenen Begriff versehen: *syndyastikós*. Dabei vertrat er die Auffassung, dass sich in dieser Beziehung besonders intensiv Vertrautheit und Zugehörigkeit herausbilden können (Buch VIII, Kap. 14). Hierauf kommt er auch in seiner „Politik" (Buch I, Kap. 2) zu sprechen, wo er das entsprechende Verb (*syndyazesthai*) verwendet und die Beziehung zwischen zwei Partnern als Basis der Lebenserhaltung (und damit der Politik bzw. staatlicher Entwicklung) darstellt. Für Aristoteles trägt es den „Charakter der Notwendigkeit", dass Menschen ihr Erleben und Verhalten danach ausrichten, über Bindung und die sich darin entfaltende Zugehörigkeit eine identitätsstiftende Fundierung zu erfahren; er sieht aber im Menschen ein „Wesen, das eher auf die Gemeinschaft zu zweien [d. h. *syndyastikós*] als auf die umfassende der Polis eingestellt ist (…)" (vgl. Nikomachische Ethik, Buch VIII, Kap. 14).

Diesem – durch viele aktuelle Befunde der Verhaltensforschung gestützten – Konzept von Aristoteles sind die Begriffe „Syndyastik" bzw. „syndyastisch" entnommen (vgl. Beier und Loewit 2004). Sie stehen für die gegenseitige Erhöhung der Immunität bei Menschen, die sich nahe sind und eben durch diese Nähe immunitätssteigernde neurobiologische Prozesse induzieren, die sich in größeren Gruppen (d. h. der „Polis") nicht erzielen lassen.

Auch wenn Aristoteles mit der „Gemeinschaft zu zweien" die Beziehung zwischen Mann und Frau gemeint haben dürfte, lässt sich das Konzept umstandslos auf jede Intimitätsbeziehung ausdehnen, in der sich „intensiv Vertrautheit und Zugehörigkeit herausbilden" kann. Wenn dies eintritt, wird das als syndyastische Erfüllung (oder syndyastisch erfüllt) bezeichnet, wenn es unterbleibt als syndyastische Deprivation oder Frustration bzw. syndyastisch depriviert oder frustriert.

Das syndyastische Konzept lässt sich also prinzipiell auch auf Intimbeziehungen zwischen mehreren (auch gleichgeschlechtlichen) Personen ausdehnen und steht in unmittelbarem Zusammenhang mit einem Zugewinn oder Verlust an Immunität.

In jedem Fall bedarf es aber *des Anderen,* um das Eigene zu erweitern: Die „positive, respektvolle Herangehensweise an Sexualität" im Sinne der WHO-Definition von sexueller Gesundheit erlangt ihre volle Wirksamkeit erst durch die Interaktion mit Anderen. Nur durch die Differenz zum Anderen entsteht die Chance auf eine erhöhte Immunität durch Intimität. Anders ausgedrückt: *Das Differente ist Ausgangspunkt für die Immunität.*

Dies gilt *biologisch* – denn die Immunreaktion ist ja eine Antwort auf das Andere, also das Nicht-Eigene. Es gilt aber eben auch *psychosozial* durch die Auseinandersetzung mit dem Anderen als Voraussetzung für die Teilhabe am Gemeinsamen und daraus hervorgehende Immunität im Sinne einer Widerstandskraft gegenüber den Herausforderungen und Widrigkeiten des Lebens.

Die Andersheit wird benötigt, um das Eigene zu entwickeln und um die Stärkung durch Gemeinschaft zu erfahren. Diese erfolgt über Anerkennung des Eigenen durch das Andere und führt zur psychosozialen Immunisierung, die bei körperlicher Annahme eben jene neurobiologische Umschaltung bewirkt, die am intensivsten das Akzeptiert-Werden durch einen anderen Menschen zum Ausdruck bringt.

Es hat die *temporäre Aufhebung der Differenz* zur Folge und erzeugt einen überindividuellen Gewinn, der sich nicht als bloße Summe von zwei Individuen beschreiben lässt, sondern einen übersummativen Mehrwert erzeugt, den die Einzelnen nicht aus sich selbst schöpfen könnten. Dies funktioniert in Paargemeinschaften, aber auch in freundschaftlichen oder geschwisterlichen Beziehungen. Es ist ein gegenwärtiges Erleben und damit im Sinne des Zeitbegriffs von Aristoteles zeitlos, sofern es nicht gedanklich mit dem Vergangenen oder dem Zukünftigen in Verbindung gebracht wird. Wer darüber nachdenkt, dass es früher (vermeintlich) viel schöner war oder zukünftig schöner sein sollte, ist eben nicht in dem gegenwärtigen Moment und verpasst die grundsätzlich jedem offenstehende syndyastische Immunisierung.

Diese körperliche Annahme ist in der Mutter- oder Vater-Kind-Beziehung eine häufig anzutreffende Regelhaftigkeit, weshalb für viele Menschen gilt, dass sie diese essenzielle Erfahrung von Annahme durch Vereinigung mit der Zuwendungsperson erlebt haben und innerlich daran anknüpfen können. Umgekehrt gilt der Fall, dass Menschen diese Annahme schon in früher Kindheit nicht erfahren haben und ihnen insofern eine Anknüpfung an entsprechende Erfahrungstatbestände nicht möglich ist.

Gleichwohl wird ein Zustand der Zugehörigkeit immer wieder angestrebt, der jedoch überlagert ist durch eine andere Suche nach Akzeptanz, *die nicht die Aufhebung der Differenz, sondern ihre Betonung setzt,* indem man nämlich der Bessere, Stärkere, Schnellere sein möchte. Dies ist bereits in der Kindheit ein Teil der Selbstentfaltung und wird in dieser Weise in Gruppen und gesellschaftlichen Systemen systematisch gefördert (beispielsweise im Sport). Auch hier ist die Differenz Ausgangspunkt für die psychosoziale Immunität, aber eben nicht durch die Aufhebung der Differenz, sondern durch deren Betonung und auf diese Weise angestrebte Steigerung des Ausmaßes an Anerkennung durch die Gruppe beziehungsweise die Gesellschaft.

Immunität durch Aufhebung der Differenz im Rahmen intimer Beziehung (welche sich auch durch körperliche Annahme vollzieht) und Immunität durch Betonung der Differenz innerhalb von Gruppen und Gesellschaften (als Folge des Erkennens und Anerkennens) können sich ergänzen, aber nicht ersetzen.

Es sind kategorial unterschiedliche Formen der Akzeptanz, sodass sich Frustrationen in dem einen Bereich nicht durch Anstrengungen im anderen Bereich kompensieren lassen. Diese Inkompatibilität ist nur den wenigsten Menschen hinreichend bewusst, wobei das „Träumen von Hauptrollen" und damit verknüpfte Vorstellungen, den Anderen überlegen zu sein, die gesuchte Anerkennung durch Betonung der Differenz fördert, was mit dem Nachteil verbunden sein kann, dass die Immunisierung durch Aufhebung der Differenz weniger gesucht wird.

Maßgebliche Einflussfaktoren auf diese Widerstandskraft sind diejenigen, welche die Erfüllung der existenziellen Grundbedürfnisse nach Sicherheit und Schutz gewährleisten. Sind diese Grundbedürfnisse erfüllt, ist die Immunität stark ausgeprägt – und umgekehrt.

Alles, was Menschen tun oder lassen, wirkt sich am Ende auf ihre biologische oder psychosoziale Immunität aus. Dabei lässt sich auf der psychosozialen Ebene die syndyastische Immunität von der politischen Immunität unterscheiden (vgl. Abschn. 2.3 und Abb. 2.1) – hierin Aristoteles folgend, der die Beziehung zu einer vertrauten Person (*syndyastikos*) von der Beziehung zum Staatswesen (*polis*) abgrenzte. Dabei sind für eine sexualwissenschaftlich fundierte Anthropologie sowohl diejenigen Mechanismen von Interesse, welche sich als immunitätssteigernd als auch jene, die sich als immunitätsschwächend erweisen können.

Fallbericht

Die 35 Jahre alte Sonderpädagogin stellte sich in der Hochschulambulanz für Sexualmedizin vor, weil sie sich in einer „toxischen Beziehung" befand, aus der sich zu befreien sie nicht in der Lage wäre. Ihr 5 Jahre älterer Partner sei ein betont liberal denkender Mensch, der die Auffassung vertrete, dass man mehrere intime Beziehungen gleichzeitig eingehen könne, wobei er ihr über nunmehr 15 Jahre stets versichert habe, dass sie die wichtigste Frau in seinem Leben wäre und sie eben nicht zu hoch bewerten solle, dass er parallel zu anderen Frauen Beziehungen unterhalte, wobei er mit einer dieser Frauen ein Kind gezeugt hatte, welches nunmehr bei der Mutter lebte und um das er sich zeitweise kümmerte. Alle ihre Freundinnen hätten ihr stets unmissverständlich zu verstehen gegeben, dass sie sich von diesem Mann trennen solle, zumal sich die Anzeichen häuften, dass er sie anlog, also offenbar Dinge zu verbergen hatte, was im Widerspruch stand zu seiner sonst so betont liberalen und offenen Grundhaltung. Ihr Misstrauen sei dadurch immer stärker angewachsen, zumal er mit seinen „offensichtlichen Lügnereien" bemüht gewesen sei, ihren Ängsten und Befürchtungen entgegenzuwirken. Sie frage sich selbst, warum sie als „normalintelligente Frau" nicht in der Lage wäre, sich von diesem Mann zu trennen, und bestätigte, dass es eines anderen Menschen bedarf, zu dem man uneingeschränktes Vertrauen haben kann, wo also das eindeutige Gefühl entstehen würde, bedeutsam und nicht austauschbar zu sein. Ohne zu zögern verwies die Patientin auf ihre eineiige Zwillingsschwester, die für sie diese „wichtigste Person" im Leben sei, mit der sie zusammenwohne und mit der sie durch „dick und dünn gehen" würde. Dies verdeutlichte, dass sie offensichtlich eine Person hatte, bei der ihre Grundbedürfnisse erfüllt waren, mithin eine syndyastische Immunisierung verwirklicht werden konnte, zumal sie auf Nachfrage ebenfalls einräumte, mit ihr auch regelmäßig körperliche Nähe-Erlebnisse zu haben, die sie emotional stabilisieren würden.

2

Individualität – Was begrenzt uns?

Inhaltsverzeichnis
2.1 Binden-Können und Binden-Müssen 18
2.2 Bewerten-Können und Bewerten-Müssen 20
2.3 Immunisierung und Immunisierungsparadox 22

Menschliche Individualität geht zurück auf die reflexive Gewissheit eines jeden von sich selbst als einer Summe von Eigenschaften, deren Kombination einzigartig ist. Dies schließt auch die körperliche Individualität ein: mit einer Vielfalt anatomischer, physiologischer und biochemischer Merkmale, deren Zusammensetzung niemals bei zwei Individuen identisch ist. Diese einzigartige Kombination von Merkmalen ist die Grundlage für den einzigartigen lebenslangen Entwicklungsgang jedes Individuums.

Menschliche Entwicklung jedes Einzelnen – im Sinne einer maximalen Selbstentfaltung – ist aber nur möglich durch *Differenz*. Es bedarf also eines *differenten Anderen*, mit dem es zum Austausch kommt, um etwas Neues hervorzubringen, das in den Beteiligten zuvor nicht enthalten war. Dies gilt auf der biologischen Ebene, wie sich am Beispiel der *genetischen Rekombination* leicht zeigen lässt, weil diese bei der geschlechtlichen Fortpflanzung differente Keimzellen (Ei- und Samenzellen) voraussetzt, um ein neues, genetisch einmaliges Individuum hervorzubringen. Es gilt aber auch für die *intellektuelle Rekombination*, bei der im gedanklichen Austausch durch Beibringung von Überlegungen differenter Individuen ein neuer Gedanke entstehen kann. Die Differenz ist folglich eine Voraussetzung für Entwicklung und wird zu einem

Gewinn, wenn man diese Perspektive anlegt. Das Gegenteil wäre der Fall, wenn die Differenz der Ausgrenzung dient, also im Anderen nicht das Entwicklungsmoment, sondern eine Bedrohung gesehen wird.

Zwar mögen viele körperliche und geistige Prozesse vergleichbar sein, aber identisch sind sie eben nie – es bleibt ein Rest der Nicht-Übertragbarkeit von dem einen individuellen Zustand auf einen anderen. Anders ausgedrückt: Auszugehen ist von einer unaufhebbaren Nicht-Identität individueller Zustände.

Dies gilt grundsätzlich für sozial organisierte Säugetiere und ist nichts spezifisch Menschliches. Spezifisch menschlich ist allerdings, dass nur der Mensch aufgrund seiner kognitiven Fähigkeiten in der Lage ist, *Individualität zu erkennen* – mit weitreichenden Folgen für alles, was über das Individuelle hinausreicht, also das Gemeinsame betrifft.

Die Folge ist nämlich eine *Bewertung* des jeweiligen eigenen Ist-Zustandes und der Abgleich mit einem Soll-Zustand, welcher *größtmögliche Immunität* im Sinne einer Widerstandskraft gegenüber allen Widrigkeiten des Lebens aufweisen soll. Eine solche Bewertung nehmen die nichtmenschlichen Primaten nicht vor – weil sie es nicht können (vgl. Abschn. 2.1). Weil der Mensch es kann, macht er es nicht nur, sondern er muss es machen, er unterliegt dem *Bewerten-Müssen* (vgl. Abschn. 2.2).

Arthur Schopenhauer (1788–1860) ging von einem deutlichen Überwiegen eines negativen Ausgangs dieses Abgleichs und damit einem Überwiegen von Unzufriedenheit aus. Er sprach vom „Jammertal" des Diesseits, dem der Mensch (vergeblich) zu entfliehen versucht und das den Ursprung seiner Verhaltensäußerungen darstellen würde (Schopenhauer 1997, § 59).

Dabei erleben sich die einzelnen Menschen als Handelnde und verbinden damit Selbstständigkeit und Selbstbestimmung, also die Fähigkeit zur freien Willensbildung als Ausdruck von Autonomie: Sie möchten ihr Leben autonom führen. Gleichwohl ist die Erfüllung der existenziellen Grundbedürfnisse geknüpft an den Austausch mit Anderen, welche die gewünschte Akzeptanz und Sicherheit geben sollen, was aber die Autonomie der Individuen begrenzt, da sie aufeinander Bezug nehmen müssen, um diese Ziele zu erreichen. Die Grundbedürfnisse werden zwar durch den Filter der Individualität registriert, aber nur durch Teilhabe am Gemeinsamen gestillt.

Eine offensichtliche Gefahr besteht dann darin, dass die individuelle Autonomie überschätzt wird, nämlich wenn der Selbstbezug überwiegt und die gemachten Erfahrungen vorrangig hinsichtlich der individuellen Auswirkungen evaluiert werden. Hierzu trägt die anscheinende Unbegrenztheit der Denk- und Fantasietätigkeit des Menschen bei: In seinen Vorstellungen kann er sich alles ausmalen, mag es auch noch so realitätsfern sein wie beispielsweise das Paradies – und genau das tut er auch.

Die Folge der Überschätzung: Genutzt wird die gedankliche Unbegrenztheit als Beleg der Autonomie, weil es ja die eigenen Vorstellungen sind, nach welchen man autonome Wege beschreitet, die die Immunität erhöhen sollen. Die diesbezüglichen Erfolgsaussichten werden jedoch dann verschlechtert, wenn durch die Selbstbezugnahme das Entstehen von Gemeinsamkeit erschwert wird. Die Angewiesenheit auf den Anderen ist schmerzhaft, denn sie schränkt unsere (vermeintliche) Autonomie ein.

Es ist daher nicht verwunderlich, dass religiöse und philosophische Konzepte dann besonders erfolgreich sind, wenn sie Wege zur Autonomie und größtmöglichen Freiheit versprechen und dies gleichzeitig verbinden mit der Aussicht auf die ersehnte psychosoziale Immunität nach Sicherheit und Schutz.

Bahnbrechend ist diesbezüglich Immanuel Kants (1724–1804) Aufklärungskonzept, wonach die „selbst verschuldete Unmündigkeit" der Menschen nicht darin begründet sei, dass ein „Mangel des Verstandes" vorliege, sondern in der fehlenden Entschlossenheit, „sich seiner ohne Leitung eines anderen zu bedienen" (1784, S. 481). Dabei war Kant klar, dass der Weg zum Selbstdenken nicht aus eigener Kraft eingeschlagen wird, sondern in einem sozialen Umfeld stattfindet, welches sich dann aber – bei verbreitetem kritischen Denken – auf allgemein nachvollziehbare Gründe stützt (vgl. Willaschek 2024).

In der Nachfolge erklärte Georg Wilhelm Friedrich Hegel (1770–1831) das Individuelle zum „Ersten und Höchsten", weshalb das sittliche Fundament seiner Gesellschaftstheorie die Anerkennung der *individuellen Freiheit* aller Bürger ist. Dabei konzentrierte sich Hegel auf rationale Erkenntnisprozesse und reflektierte die emotionalen Einflussfaktoren allenfalls für das Verhältnis zwischen Eltern und Kindern, wobei ihm notwendig erschien, dass die Entwicklung zur Selbstständigkeit eines Kindes die „Aufhebung" jener „Vereinigung des Gefühls" in der Angewiesenheit auf den Anderen sein muss (Hegel 1967, S. 18).

Zwar lassen sich emotionale Prozesse nicht vernunftgeleitet abkoppeln – schon gar nicht in der Eltern-Kind-Beziehung als Ursprungsort für die Erlangung von Immunität –, gleichwohl sind die Individuen bei Hegel vornehmlich *Träger von rationalen Erkenntnisprozessen*, weil nur dadurch möglich wird, die *vollendete Form von* verantwortungsbewussten *Rechtssubjekten* zu konstituieren – nämlich solchen, die sich sittlich verhalten, oder eben, wenn sie dies nicht tun, wie Hegel sagt, „Verbrechen" begehen. Der absoluten Sittlichkeit steht damit das Verbrechen gegenüber, das von Hegel bezeichnenderweise ohne Aufschlüsselung der Motive zum Theoriebestandteil wird. Er nutzt die Denkfigur des „Verbrechers", um zu zeigen, dass dieser die geschädigten Personen in ihrem Recht und in ihrer Ehre verletzt und dadurch erst ersichtlich macht, dass die *Integrität des Einzelnen* von einem Funktionszustand der Gemeinschaft abhängt, in dem sittliche Mechanismen ihn vor diesem Zustand schützen (vgl. Honneth 2003).

Entwickelt wird das *Modell einer Immunität der Individuen durch gesellschaftliche Regularien*, denen diese sich nur alle unterstellen müssen. Demselben Prinzip folgen religiöse Systeme. Geschaffen wird die Aussicht auf psychosoziale Immunität, die allerdings ohne Intimität auskommen muss, weil sie einen Zugang zur syndyastischen Immunität nicht enthält bzw. in unterschiedlichem Ausmaß sogar ausklammert. Dies wird durch die Regulierung intimer Beziehungen vor allem in religiösen Systemen deutlich, etwa der reproduktiven Bezweckung des Geschlechtsverkehrs und der Entwertung all jener Intimität, die diesem Zweck nicht folgt. Da der Zugewinn an Immunität durch Intimität auf diese Weise gering ausfällt, steigt das Interesse für alternative Angebote zur Erhöhung von Widerstandskraft – eben durch den Glauben an die göttliche Macht. Sexualität bleibt auf die Reproduktion beschränkt, Immunisierung erfolgt durch den Glauben an eine höhere Macht.

Damit ist die Bedeutung der Intimität mit einem bedeutsamen Anderen und die daraus mögliche syndyastische Immunisierung durch eine lebensphilosophische Grundhaltung von vornherein eingeschränkt und dies geschieht keineswegs lediglich durch religiöse Weltanschauungen.

So hat Hegel mit seiner „Phänomenologie des Geistes" eine Philosophie des Bewusstseins etabliert, die insofern eine gesellschaftliche Funktion erfüllt hat, als das *Individuum in seinem Freiheitsbegehren* auch philosophisch abzusichern versucht wurde und mithin die Bedeutsamkeit des Individuums auf Kosten der Beziehungsdimension aufzuwerten. Dies wiederum ist auch aus ökonomischen Gesichtspunkten von Vorteil, weil es die Entscheidungsfreiheit des Einzelnen suggeriert. Auf dieser Basis versuchen die Individuen, ihre psychosoziale Immunität in Gruppen oder gesellschaftlichen Strukturen zu erlangen (vgl. Kap. 4).

Dafür sind bestimmte Regularien vorgesehen, an die sich alle halten und die von allen geschützt werden müssen, um den „Immunisierungskontext" aufrechtzuerhalten. Das ist auch der Grund für die Ausgrenzung von Abtrünnigen – in jeder Gruppe und jeder gesellschaftlichen oder religiösen Institution. Dabei ist vorhersehbar, dass in diesen Immunisierungskontexten (Gruppe und System, vgl. Abschn. 4.2 und 4.3) nie die Immunität erreicht werden kann, die durch eine leibliche Begegnung mit einem individuellen Anderen zu entstehen vermag – eben, weil die neurobiologischen Verschaltungsmechanismen der körperlichen Nähe nicht in Anspruch genommen werden können, syndyastische Immunität also nicht entstehen kann (vgl. Abschn. 1.1).

Eine stärker relativierende Auffassung von Individualität ist Wilhelm von Humboldt (1767–1835) zu verdanken, der 1795 in der von Friedrich Schiller (1759–1805) herausgegebenen Monatsschrift „Die Horen" darlegte, dass jedes Individuum eine bestimmte Anzahl von Merkmalen aufweist, die lediglich eine Auswahl möglicher Kombinationen darstellt, sodass notwendigerweise hierdurch eine *Begrenzung* resultiert. Darüber hinaus aber sah Wilhelm von Humboldt hierin ein *vernunftmäßig nur bedingt* zu erfassendes Geschehen, denn der Verstand könne „nur dürftige Abstraktionen liefern", während es gerade „um ein vollständiges sinnliches Bild" ginge, was sich „nur in dem lebendigen Zusammenwirken aller einzelnen Züge" wiederfinden ließe (W. v. Humboldt: Über die männliche und weibliche Form, 1795; GS I: 336).

Entsprechend hat er vor diesem Hintergrund eine grundsätzlich *interindividuelle Perspektive* entwickelt – mit dem Ziel, die *Endlichkeit der individuellen Begrenzungen zu überwinden* und verschiedene „Eigenschaften zu verbinden", um das „Endliche dem Unendlichen zu nähern", was nur gelänge, wenn sich ihre „Wirksamkeit gegenseitig umschlingt". Das geschehe durch die *Liebe als ein Zusammenspiel zwischen den (geschlechtlichen) Individuen* (W. v. Humboldt. Über den Geschlechtsunterschied und dessen Einfluss auf die organische Natur 1795, GS I: 333 f.).

Ganz anders ist es von Kant überliefert, der nach Lektüre der Aufsätze Wilhelm von Humboldts an Friedrich Schiller schrieb, ihm sei die „Natureinrichtung, dass alle Besamung in beiden organischen Reichen zwei Geschlechter bedarf, um ihre Art fortzupflanzen", als „Abgrund des Denkens für die menschliche Vernunft aufgefallen" und dabei zugleich verrät, dass ihm „bisweilen" etwas Ähnliches durch den Kopf gehe, er aber „nichts daraus zu machen" wüsste (Brief an Schiller vom 30. März 1795, zit. n. König 1992, S. 52).

Humboldt hingegen bemühte die Antike als Beleg für seine Auffassung und verwies auf den Gott Eros, dem „der ahnende Weisheitssinn der Griechen die Anordnung des Chaos übertrug" – um am Ende seines Artikels diesen Ursprung von Entwicklung und der Hervorbringung alles Neuen markieren zu können. Eros repräsentiert nicht die Liebe zum Gleichen, die sich nach Ruhe und Besitz des Ewigen sehnt, sondern die Liebe zum Anderen, die ihre Verwirklichung in der Fülle endlicher individueller Gestalten findet (vgl. Borsche 1990).

Entwicklung vollzieht sich über den Austausch zwischen Menschen – nicht im Alleingang. Das ist auch der Kerngedanke von Humboldts Bildungsidee und seiner Gründung der Berliner Universität, welche die Hervorbringung des Neuen durch die gegenseitige Entwicklung der Beteiligten ermöglichen sollte – und daher auch keine hierarchischen Strukturen zwischen Lehrenden und Lernenden vorsah.

Insofern ist davon auszugehen, dass *Individualität in ihren Begrenzungen nicht ausreichend erkannt wird*, weil die kognitiven Fähigkeiten des Menschen ein unbegrenztes Denken ermöglichen: Darin besteht die Kraft der Fantasie. *Die Folge sind Denksysteme, welche die Aussicht auf Immunität ohne Intimität enthalten und damit Letztere als wichtigen Faktor von Gesundheit außer Kraft setzen.*

2.1 Binden-Können und Binden-Müssen

Stammesgeschichtlich werden erst mit dem Aufkommen der sozialen Säugetiere im Verhalten *bindungsstärkende Mechanismen* erkennbar, die beispielsweise Reptilien nicht aufweisen. Die Voraussetzungen dafür sind neurobiologische Funktionsweisen, die dafür sorgen, dass durch die körperliche Nähe zu einem vertrauten Artangehörigen eine Stressminderung eintritt, deren Inanspruchnahme einen emotional stabilisierenden Effekt hat, der aber nur durch die Mitwirkung des anderen zu entstehen vermag (vgl. Abschn. 1.1). Sie sind Hintergrund der stammesgeschichtlich neu aufgekommenen Brutpflege, die den Kern von bindungsfördernden Verhaltensweisen ausmacht und als Ursprung des sich immer stärker ausdifferenzierenden Sexualverhaltens anzusehen ist.

Dies wird besonders deutlich, wenn man Bonobos – die zusammen mit dem Gemeinen Schimpansen dem Menschen nächstverwandte Tierart – in ihrem Paarverhalten untersucht. Sie haben ein erstaunliches soziales Bindungssystem entwickelt, das den Muttertieren besondere Bedeutung einräumt. Dennoch ist auch für die Integration von Gruppenangehörigen gesorgt, die von Geburt an oder als Waisen benachteiligt sind. Hierfür spielt die Nutzung sexueller Interaktionen in ihrer bindungsfördernden Funktion eine große Rolle. Dies wird daran erkennbar, dass die Häufigkeit von sexuellen Kontakten in sozialen Spannungszuständen zunimmt. Auffällig ist ferner die Variabilität intimer Kontaktformen, die auch zwischen Angehörigen des gleichen Geschlechts und unterschiedlicher Generationen stattfinden.

Die Trennung von Reproduktion und Sexualverhalten ist zudem genauso offensichtlich (es gibt keine Kopplung an Ovulationszyklen) wie die Tatsache, dass die Bonobos als überhaupt erste Spezies in der Stammesgeschichte als häufigste Paarungsstellung die zugewandte Position („von Angesicht zu Angesicht") entwickelt haben: Die als antiquiert belächelte „Missionarsstellung" ist also eine evolutive Neuheit, welche offenbar durch Vergrößerung des Hautkontaktes eine noch intensiver werdende Bindungsverstärkung möglich gemacht hat und sich deshalb als sinnvoll erwiesen hat. Sie sind zugleich ein gutes Beispiel für die Evolution des Verhaltens, die mit der Evolution der Gene interagiert. Hervorzuheben ist auch, dass die Bonobos koitale Intimität nicht notwendig bis zum Orgasmus fortsetzen. Folglich stellt also nicht der Erregungshöhepunkt, sondern die bindungsfördernde und stressmindernde Funktion durch die intensive körperliche Verbindung die entscheidende Gewinnerwartung dar.

Hieraus wird die Multifunktionalität der Sexualität noch einmal deutlich (s. Abschn. 1.1), die neben der Lustdimension (d. h. der mit ihr verknüpften Möglichkeiten des sexuellen Lustgewinns) und der Fortpflanzungsdimension (d. h. der mit ihr verknüpften Möglichkeiten für die Fortpflanzung) insbesondere die Beziehungsdimension umfasst. Die mit diesen verknüpften Möglichkeiten für die Erfüllung existenzieller und daher unverzichtbarer Grundbedürfnisse nach Akzeptanz, Nähe und Geborgenheit vermitteln die angestrebte Sicherheit und stellen die Basis individueller Erweiterung dar.

Es ist nicht möglich von der Suche nach dieser Erfüllung abzusehen, weil sich die stammesgeschichtlich angelegte Programmierung auf „Wir-Bildung" und die damit verknüpfte Gewinnerwartung durch die stress-deaktivierende Nähe mit einem bedeutsamen Anderen nicht abschalten lässt: *Es resultiert also ein Binden-Müssen.*

Es ist wie bei der Atmung: Es handelt sich um einen natürlichen Vorgang, der bei Menschen ganz automatisch abläuft, weil sie angewiesen sind auf den Austausch von Sauerstoff und Kohlendioxid mit der Umgebung und deren Transport in den Organismus. Auffällig werden diese Vorgänge bei Störungen des Gasaustauschs, die Luftnot erzeugen, etwa dem Lungenemphysem (Diffusionsstörung durch Verkleinerung der Austauschfläche) oder dem Lungenödem (Diffusionsstörung durch Vergrößerung der Diffusionsstrecke).

Die Atmung ist darüber hinaus aber auch die einzige unwillkürliche Organfunktion, die man selbst beeinflussen kann. Bewusstes Atmen wird deshalb auch gezielt therapeutisch eingesetzt. So kann man lernen, den eigenen Atemrhythmus zu lenken und die Atemräume im Körper zu spüren. Mit gezielten Atemübungen kann man den Körper entspannen und auf andere Körperfunktionen Einfluss nehmen (z. B. den Blutdruck, die Herzfrequenz, Schmerzempfindungen). Dies wird als bewusstes Atmen bezeichnet und ist seit mehr als 3000 Jahren ein zentraler Aspekt von fernöstlichen Gesundheitslehren (z. B. Yoga). In der Atemtherapie werden Atemübungen für den Alltag vermittelt (z. B. Wechselatmen, Bauchatmung).

Die physiologischen Prozesse bei Bindungen sind ebenfalls natürliche Vorgänge, die sich erst im Störungsfall bemerkbar machen, aber nur durch den Austausch zwischen mindestens zwei Individuen funktionieren, weshalb sie nicht selbst, sondern nur im Zusammenspiel mit einem Anderen beeinflussbar sind – wobei die diesbezüglich größten Hindernisse aus den vorgenommenen Bewertungen hervorgehen.

Prinzipiell kann das „Binden-Müssen" – in Ermangelung eines geeigneten Anderen – jede natürliche oder fiktive Entität als „Ziel" haben. Dies ist insbesondere in religiösen Systemen der Fall (vgl. Abschn. 4.3). Demzufolge resultiert ein (ständiges) „Gebunden-Sein" – dessen Bindungspartner auch wechseln können. Zudem können Bindungen gleichzeitig eingegangen werden, die sich ergänzen, aber auch gegenseitig einschränken können (z. B. partnerschaftliche Bindung und gläubige Bindung an eine Gottheit, vgl. Fallbeispiel auf S. 23).

2.2 Bewerten-Können und Bewerten-Müssen

Die *reflexive Gewissheit ihrer selbst* befähigt Menschen dazu, sich als von den Anderen als unterschieden wahrzunehmen. Sie sehen, was die Anderen machen, und wissen, dass gesehen wird, was sie selbst machen. Hinzu kommt: Sie wissen, dass bewertet wird, was sie machen, da sie selbst bewerten, was Andere machen.

Dies ist der Grund dafür, dass nur Menschen *Schamgefühle* entwickeln. Die nichtmenschlichen Primaten bewerten nicht, weil ihnen dafür die kognitiven Fähigkeiten fehlen. Aus diesem Grunde entwickeln sie auch keine Schamgefühle. Zudem ist nur den Menschen möglich, die *Zeit-Dimension* zu erfassen, das heißt, sie haben eine konkrete Vorstellung von den Auswirkungen des eigenen Verhaltens für das weitere Leben und: Sie wissen um das Ende der eigenen Existenz.

Über dieses Wissen verfügen die nichtmenschlichen Primaten nicht, eben weil sie die Zeit-Dimension nicht erfassen können. Da der Mensch dies kann, fragt er sich, wie seine Zukunft aussehen wird – und zwar in jeder Hinsicht, also persönlich, beruflich, wirtschaftlich etc. – und trifft entsprechende Vorkehrungen, um diese im Sinne einer möglichst vollständigen psychosozialen Immunität günstig zu beeinflussen. Er weiß auch, dass er sterben wird, und fragt sich, was nach seinem Tod sein wird. Da er darauf aber keine verbindlichen Antworten findet, entwickelt er religiöse Systeme, die Antworten vorhalten und diese dem Glauben des Einzelnen übereignen. Es resultiert gleichwohl eine nicht auflösbare Ungewissheit, gegen die er sich aber auch immunisieren möchte.

Zwar ermöglicht also die Evolution des Neuhirns dem Menschen Sprach-, Denk- und Urteilsvermögen als Ausgangspunkte für die Schaffung kultureller Systeme, aber gerade durch sein Erkenntnisvermögen verbleibt er letztlich in einer *existenziellen Unsicherheit*. Es ist nicht anzunehmen, dass nichtmenschliche Primaten einen derartigen Zustand kennen, da sie die Zeit-Dimension nicht erfassen und folglich in der Gegenwart leben – ohne dies zu bewerten, weil sie es nicht bewerten können. Deshalb kopulieren Affen frei von Bewertungsängsten und Schamgefühlen vor ihren Artgenossen (vgl. Abschn. 2.1).

Dies gilt für alle Erfahrungen, welche die Sexualität betreffen: Auch nichtmenschliche Primaten können sexuelle Funktionsbeeinträchtigungen (vgl. Abschn. 3.3) und Fehlgeburten (vgl. Abschn. 3.4) erleben – dies beschäftigt sie aber nicht weiter, während Menschen diese Erfahrungen mit Bedeutung besetzen und mit dieser Bedeutungszuweisung der nächsten Erfahrung entgegensehen: Sie sind dann nicht mehr unbefangen im Kontakt, sondern mehr oder weniger stark durch Ängste belastet, weil sie das erneute Auftreten der Problematik befürchten. Gleiches gilt für die Frustration ihrer Grundbedürfnisse nach Annahme (als Ausdruck der Beziehungsdimension von Sexualität) – dies wird ebenso mit Bedeutung besetzt und dynamisiert bereits in der Kindheit Eifersucht und Neid, beispielsweise gegenüber Geschwistern.

Daraus folgt: Aufgrund seiner kognitiven Fähigkeiten bewertet der Mensch stets auch das Ausmaß der *empfundenen Immunität* (im Sinne der Widerstandskraft gegen alle existenziellen Widrigkeiten) und projiziert dies – da er die Zeit-Dimension erfasst – auf sein weiteres Leben. Er erkennt die Abweichungen von Zuständen größerer existenzieller Sicherheit, in denen eine Erfüllung der Grundbedürfnisse gegeben war. Es besteht dabei nicht die Möglichkeit, Bewertungen zu unterlassen. Es kommt also immer zur Bedeutungszuweisung – und zu Frustration, wenn diese ungünstig ausfällt. Daran knüpft dann eine Erwartungsangst an, dass sich entsprechende negative Erfahrungen, verbunden mit einer unzureichenden psychosozialen Immunität, wiederholen werden.

Es resultiert folglich aus dem *Bewerten-Können* unweigerlich ein *Bewerten-Müssen*. Dies hat aber Auswirkungen auf die emotionale Verfasstheit, mit der fatalen Tendenz der zusätzlichen Verdunkelung des Erlebens – insbesondere in Zuständen der Beeinträchtigung. So fiel Friedrich Nietzsche (1844–1900) auf, dass der Kranke mehr unter „seinen Gedanken über die Krankheit" zu leiden habe als durch die Krankheit selbst (Nietzsche 1954, Bd. 1, S. 1048).

Die Folge ist Verunsicherung und Ungewissheit. Der Mensch möchte aber das Gegenteil: Sicherheit und Gewissheit und zwar über das Ende seiner Existenz hinaus, das ihm aufgrund seines kognitiven Zugangs zur Zeit-Dimension klar ist. Hieraus resultiert die Anrufung des Göttlichen und der Glaube an dessen Antworten, die aber – wie immer sie ausfallen mögen – nicht die irdische Individualität in ihrer auch körperlichen Verfasstheit einzuschließen vermögen, sondern lediglich eine Weiterexistenz der „Seele" unter Zurücklassung der körperlichen Hülle in Aussicht stellen können. Der Leib in seiner Ganzheit ist davon ausgenommen. Die erlösende Vorstellung: Die Individualität lebt als Seele (ewig) weiter.

2.3 Immunisierung und Immunisierungsparadox

Die stammesgeschichtlich angelegte Programmierung auf Bindung, das Binden-Müssen, welches allen sozial organisierten Säugetieren zu eigen ist, wird beim Menschen ergänzt um das Bewerten-Müssen.

Dies hat zur Folge, dass er das Ausmaß der psychosozialen Immunität nicht nur erkennt, sondern eben auch bewerten muss, wobei ihn alle Abweichungen von einer Erfüllung der existenziellen Grundbedürfnisse nach Sicherheit und Schutz sowie Annahme und Anerkennung beunruhigen und er entsprechend nach Lösungen sucht, um diese Zustände abzustellen.

Durch seine Fähigkeit zur Erfassung der Zeit-Dimension erstreckt sich die Unsicherheit aber entsprechend auf das Ende seiner Existenz und (offenbleibende) Fragen zu dem Zustand, der danach eintreten wird. Gegen diese Unsicherheit möchte er sich ebenfalls immunisieren. Paradoxerweise engt er aber aufgrund dieser Intention die ihm zu Lebzeiten zugänglichen Möglichkeiten einer Stärkung seiner psychosozialen Immunität ein.

Das Paradox: Um psychosoziale Immunität zu steigern, senkt er dieselbe in seinen Intimbeziehungen.

Dies lässt sich besonders deutlich anhand eines Konzeptes herleiten, das als Körper-Geist-Dualismus bezeichnet wird und in allen „Erlöser-Religionen" anzutreffen ist. Es wurzelt in der griechischen Antike und hat in Platon (427–347 v. Chr.) seinen wichtigsten Vordenker. Er spricht in seinem „Phaidon" vom Leib als dem Gefängnis der Seele, als einem „Übel für die Seele", also etwas, das nicht sein sollte und deshalb besser nicht wäre. Der Gebrauch des Leibes hätte bei nahezu allen Menschen eine Verunreinigung der Seele im Gefolge (Platon 2004, S. 66b, 82e).

Dahinter steht die Annahme eines ewigen Lebens der Seele, die deshalb möglichst „rein" und unbelastet in diese Ewigkeit eingehen sollte. Platon versucht hier eine philosophische Antwort auf die menschliche Ungewissheit über das Ende der Existenz und vermittelt die Aussicht auf weiterlebende glückliche Seelen, wenn es gelungen war, sie während der irdischen Existenz von Sünde und Beschmutzung freizuhalten.

Als extremste „Befolgung" dieser Auffassung ist wohl die Praxis der Skopzen aufzufassen, einer religiösen Sekte, die um 1750 als Geheimbund in Russland entstand. Sie nahmen eine Verstümmelung der Genitalien (und auch der weiblichen Brust) vor, um die unbedingte leibliche Enthaltsamkeit sicherzustellen. Zur Rechtfertigung beriefen sich die Skopzen auf verschiedene Bibelstellen, beispielsweise auf Matthäus 19,12: „Denn manche sind von Geburt an zur Ehe unfähig, manche sind von den Menschen dazu gemacht und manche haben sich selbst dazu gemacht – um des Himmelreiches willen. Wer es erfassen kann, der erfasse es", oder auch Markus 9,43: „Wenn dir deine Hand Ärgernis gibt, dann hau sie ab; es ist besser für dich, verstümmelt in das Leben zu gelangen, als mit zwei Händen in die Hölle zu kommen, in das nie erlöschende Feuer", sowie Lukas 23,20: „Denn siehe, es kommen Tage, da wird man sagen: Selig die Frauen, die unfruchtbar sind, die nicht geboren und nicht gestillt haben."

Ihrer Überzeugung nach war alles Unheil durch den Geschlechtsverkehr zwischen Adam und Eva in die Welt gekommen und die wahre Lehre Christi habe auch die Praxis der Kastration umfasst. Zudem behaupteten sie, Jesus sei der erste Skopze gewesen. Danach sei die Kastration von den Aposteln, den Heiligen und den Urchristen praktiziert worden. Von dem Kirchenvater Origines (185–253/254) ist dies tatsächlich bezeugt.

Vor allem wird hier aber deutlich, dass derartige Denksysteme auf Vorstellungen über eine vermeintliche Glückseligkeit im Jenseits zurückgehen, mithin Konzepte, die nur aufgrund der kognitiven Fähigkeiten des Menschen einschließlich der durch sie möglichen Erfassung der Zeit-Dimension überhaupt möglich sind. Letztlich zielen sie auf einen Ausweg aus der Ungewissheit über den postmortalen Zustand, in den der Leib nicht integriert werden kann, weil beim Tod der Körper für jeden ersichtlich zurückbleibt. Darum fokussieren religiöse Theorien auf die Weiterexistenz der Seele, die sich einer objektiven Nachweisbarkeit entzieht und an die man folglich nur glauben kann: Die Seele verlässt den Körper im Tod, Letzterer zerfällt, sie lebt weiter.

Deshalb steht der Körper zu Lebzeiten (dann noch als „beseelter Körper", d. h. als Leib) in diesem Denksystem unter besonderer Beobachtung: Sexuelle Erregung ist ein körperlicher Akt, der die Seele verunreinigt, die möglichst unbeschadet in die Ewigkeit eingehen sollte. Darum die Kanalisierung des Begehrens in Zweckbindungen (insbesondere der Fortpflanzung), die eine solche Verunreinigung angeblich nicht mit sich bringen.

Diese Verdammung umfasst allerdings die körperliche Intimität insgesamt, die ja keineswegs an genitale Interaktionen und entsprechend auch nicht an sexuelle Erregungshöhepunkte gekoppelt ist (wie das Beispiel der Bonobos zeigt, vgl. Abschn. 2.2).

> **Fallbericht**
>
> Ein 39-jähriger Verwaltungsbeamter begab sich auf Anraten seiner ein Jahr jüngeren Ehefrau in eine Sexualberatung, die ihm helfen sollte, seine Erektionsstörungen zu überwinden, die bei dem tiefgläubigen katholischen Ehepaar den Vollzug der Ehe unmöglich machten. Sie hätten sich vor drei Jahren kennengelernt, vor einem Jahr geheiratet und die Ehefrau sei jetzt zunehmend beunruhigt, dass der Kinderwunsch nicht in Erfüllung gehen könnte – eine zunehmende Anspannung kennzeichne ihr sonst gutes Verhältnis. Da ihm als gläubigem Katholiken die Masturbation untersagt sei, könne er nur von seltenen nächtlichen und morgendlichen Erektionen berichten und von seiner zunehmenden Angst, beim Versuch des Koitus erneut zu versagen, was ihm seine Frau mehr und mehr verüble. Nichtkoitale Formen von Sexualität würden sie nicht in Betracht ziehen und darin auch keinen besonderen Sinn sehen. Sie hätten beide in der Beziehung zu Gott ihre stärksten Nähe-Erlebnisse und der Zweck der ehelichen Sexualität liege in der Fortpflanzung.

Abgesehen davon, dass die Behandlung von Paaren mit unerfülltem Kinderwunsch in der Regel dadurch erschwert wird, dass die innere Befassung mit einem eigenen Kind das Erleben nahezu vollständig dominieren kann (vgl. Beier et al. 2022), kommt in dem Fall erschwerend hinzu, dass die religiöse Zwecksetzung die Handlungsspielräume für das Paar enorm einengte. Auf einen Zugewinn an Immunität durch leibliche Intimität, die ja durch nichtgenitale körperliche Nähe möglich gewesen wäre, wurde gänzlich verzichtet, weil für sie das maßgebliche Akzeptanzerleben aus der festen Überzeugung resultierte, sich der Annahme und Wertschätzung durch die Glaubensgemeinschaft und durch Gott auf diese Weise sicher sein zu können.

Auch wenn die Beziehung zu Gott eine enorme seelische Stärkung mit sich bringen kann, vermag sie nicht, den neurophysiologischen Umstellungsprozess, der mit der körperlichen Nähe zu einer vertrauten Beziehungsperson verbunden ist, zu ersetzen. Es wird also auf die syndyastisch vermittelbare Immunisierung verzichtet und damit im Widerspruch zur intendierten Stärkung der psychosozialen Immunität paradoxerweise deren Schwächung herbeigeführt. Da infolgedessen die ersehnte Erfüllung der Grundbedürfnisse nicht in der Intensität erlebbar ist wie durch die Annahme in einer vertrauten Beziehung, hat dies zur Folge, dass die kompensatorischen Anstrengungen erhöht werden, um jenes Ziel zu erreichen, das sich auf diese Weise aber gerade nicht erreichen lässt.

Syndyastische Deprivation drängt auf Kompensation, für die es von der Kultur geschaffene Möglichkeiten gibt, nämlich die Immunisierung durch Gruppen sowie religiöse oder andere kulturelle Systeme, die aber nur begrenzt die syndyastische Erfüllung in Intimbeziehungen kompensieren können und deshalb nicht in gleicher Weise Immunität und Gesundheit hervorzubringen vermögen.

Dies ist aus Sicht der Individuen von Nachteil, für die Gruppen und Systeme aber vorteilhaft, weil sie sich dadurch nicht nur aufrechterhalten, sondern sogar ausbauen lassen. Die Kraft der Einzelnen, die in diese Kompensationsmöglichkeiten fließt, kommt der jeweiligen Gruppe oder dem System zugute. Diese haben deshalb ein starkes Interesse daran, das Bewerten-Müssen in einer Weise zu beeinflussen, dass das Binden-Müssen sich weiterhin auf die Gruppe bzw. das System richtet.

Hieraus ergibt sich das menschliche *Immunisierungsparadox*: Die Intention der Menschen, sich gegen Ängste und Unsicherheit zu immunisieren – insbesondere gegen jene Ängste, die sie aufgrund der Erfassung der Zeit-Dimension perspektivisch entwickeln –, führt schließlich dazu, Immunität in Gruppen oder Systemen (also politisch) zu generieren. Die Folge ist jedoch, dass diejenigen Immunisierungsstrategien, die in ihnen stammesgeschichtlich verankert sind, nämlich durch körperliche Nähe eine syndyastisch vermittelte Immunität zu erzeugen, dadurch unterlaufen werden können. Dies liegt daran, dass die politisch vermittelte Immunität verlangt, sich den Vorgaben der Gruppe oder der religiösen Systeme zu unterstellen und die Differenz nach außen (gegenüber anderen Gruppen) als auch nach innen (gegenüber anderen Gruppenmitgliedern) zu betonen, um Akzeptanz zu erlangen.

In dem Zusammenhang sind die beim Menschen zunehmenden Autoimmunphänomene von Interesse (vgl. Holstiege et al. 2021), die ja ebenfalls einem Immunisierungsparadox entsprechen. Sie gehen darauf zurück, dass durch den Menschen selbst immer mehr Substanzen in Umlauf geraten, welche durch natürliche Abläufe nicht entstehen könnten und gegen diese ebenfalls Abwehrkräfte mobilisiert werden müssen, sofern sie als fremd bzw. nichteigen erkannt wurden. Infolgedessen ist erwartbar, dass die Anzahl der Autoimmunerkrankungen steigen muss, denn je mehr das biologische Abwehrsystem herausgefordert wird, umso häufiger ist mit unerwünschten Fehlfunktionen zu rechnen. Durch die Mobilisierung von biologischen Abwehrkräften entsteht dann die paradoxe Situation, dass diese sich gegen eigene Zellen und Körperbestandteile richten.

Gleiches gilt für die politisch vermittelten Immunisierungsstrategien: Auch sie können sich prinzipiell als dysfunktional erweisen.

Beispielsweise können nationalpolitische Immunisierungsstrategien, die sich bevorzugt auf Außenfeinde richten, nach innen nur bedingt verfangen, wenn sie ein größeres Ausmaß an Unsicherheit mit sich bringen, als sie an Sicherheit bewirken können.

Ökonomisch vermittelte Immunisierung wiederum begünstigt Korruption, die sich in allen Systemen der Welt finden lässt und nur in unterschiedlichem Umfang eingedämmt wird.

Sie stellen das von Hegel entworfene ethische Konzept individueller Verantwortung deshalb massiv infrage, weil letztlich der motivationale Hintergrund – der Wunsch nach dem Erlangen von Immunität – interessengeleitet auf Kosten anderer zu erreichen versucht wird, was nur aufgrund der Fähigkeit zur Erfassung der Zeit-Dimension zu erklären ist. Hieraus speist sich die Maßlosigkeit der Gewinnmaximierung Einzelner, also die Gier.

Kulturelle Hervorbringungen begünstigen daher das Immunisierungsparadox, indem sie dazu beitragen, die syndyastisch vermittelbare Immunisierung (gegebenenfalls auch nur partiell) negativ zu bewerten. Sie erschweren damit die Realisierung des Binden-Müssens in einer intimen Beziehung sowie daraus resultierend den Zugewinn an Immunität.

Unterschätzt wird in dem Zusammenhang der diesbezügliche Einfluss der Pornografie auf die Generation, die mit dem Zugang zu dieser auf Erregung zielenden, weitgehend entpersonalisierten Form der Sexualität aufgewachsen ist bzw. aufwächst.

> **Fallbericht**
> Der 23-jährige Studierende stellte sich vor, weil er seit der Aufnahme soziosexueller Kontakte im Alter von 17 Jahren keine ausreichende Gliedversteifung für den erwünschten koitalen Kontakt mit als attraktiv empfundenen Partnerinnen hätte haben können (sog. primäre situative Erektionsstörung). Dabei hätte er stets starkes sexuelles Verlangen gehabt, weshalb seine Schlussfolgerung bislang gewesen war, die jeweilige Partnerin sei dann „doch nicht die Richtige" gewesen. Die Anamnese des psychopathologisch unauffälligen Mannes ergab, dass er im Alter von 13 Jahren unverlangt Pornofilme zugesandt bekommen hatte, Erregung gespürt und masturbiert habe und seitdem sich ausschließlich zu pornografischen Materialien selbst befriedigt hätte – dabei sei noch nie eine Erektionsbeeinträchtigung aufgetreten. Jetzt sei er „verliebt wie noch nie" in eine Gleichaltrige und wolle unbedingt, dass es „mit ihr klappt".

Pornografie adressiert die Lustdimension von Sexualität und vermittelt durch die Austauschbarkeit der Akteure einen von Beziehung entkoppelten Erregungsaufbau bis zum Erregungshöhepunkt. Die gesehenen sexuellen Handlungen werden – aufgrund der kognitiven Fähigkeiten des Menschen unweigerlich – im Selbstabgleich bezogen auf quantitative (z. B. Größe des Penis, der Brüste etc.) und qualitative Merkmale (mühelose und ausgedehnte Ausgestaltung der sexuellen Kontakte in verschiedenen Stellungen). Auch wenn die Konsumierenden zu erkennen vermögen, dass die Darstellungen der (durchschnittlichen) Realität nicht entsprechen, so sind sie doch real und zeigen sexuelle Handlungen anderer Menschen, weshalb davon auszugehen ist, dass die sogenannten Spiegelneurone aktiviert werden.

Spiegelneurone sind Nervenzellen, die im Gehirn während der Betrachtung eines Vorgangs die gleichen Potenziale auslösen, wie sie entstünden, wenn dieser

Vorgang nicht bloß (passiv) betrachtet, sondern (aktiv) gestaltet würde (vgl. Mukamel et al. 2010). Dass dadurch Skripte für die eigene Rollenübernahme bzw. die angenommenen Erwartungen anderer entstehen können, in diesem Falle im Rahmen einer soziosexuellen Begegnung, ist nicht überraschend. Nur fehlt eben ein Modell für die Beziehungsgestaltung, die sich nicht über den Vollzug sexueller Praktiken erschließt. Wenn dann auch noch, wie im geschilderten Fallbeispiel, aufgrund des Erwartungsdruckes die sexuellen Funktionen versagen, ist der Zugang zu einer erfüllten Intimität versperrt, ganz besonders, wenn für die andere Person liebevolle Empfindungen bestehen und deshalb genau von dieser Annahme und Akzeptanz ersehnt worden sind.

Die Folge kann eine gravierende Beeinträchtigung der Lebenszufriedenheit sein – nicht zuletzt bedingt durch die stete Ungewissheit, ob eine authentische Akzeptanz durch eine geliebte Person je möglich sein wird. Weil die Menschen – im Gegensatz zu den nichtmenschlichen Primaten – aufgrund des Bewerten-Müssens das Ausmaß ihres syndyastischen Funktionsniveaus erfassen, versuchen sie, darauf mit den ihnen zur Verfügung stehenden Mitteln Einfluss zu nehmen, wenn diesbezüglich ein Frustrationserleben dominiert.

Da sich syndyastische Erfüllung über das Erleben von Akzeptanz, Wertschätzung und Zugehörigkeit vermittelt, die am intensivsten durch die Intimität mit einem vertrauten Anderen gelingt, erhalten alle Zustände, die dieses Empfinden vermitteln, eine kompensatorische Kraft, selbst wenn die Referenz dafür nicht eine intime Beziehung (und die mit ihr verknüpfte höhere Chance auf Immunität) ist, sondern andere Immunisierungskontexte betrifft, eben die Anerkennung in Gruppen oder auch Institutionen (s. Kap. 4).

Akzeptanz und Zuwendung lassen sich zwar durch Leistungen erwerben, durch Manipulation erzeugen oder erkaufen sowie durch Drogen ein psychisches Erleben simulieren, das den damit verbundenen Gefühlen nahekommt. Dabei wird in der Regel jedoch verkannt, dass die gering ausgeprägte Immunität aufgrund einer fehlenden oder beeinträchtigten körperlichen Intimität den stärksten Anstoß zu kompensatorischen Bemühungen liefert und zugleich die in anderen Immunisierungskontexten gesuchte Kompensationskraft eben nicht ausreicht, um diesen Mangel auszugleichen.

Abb. 2.1 verdeutlicht die Zusammenhänge zwischen biologischer und psychosozialer Immunität, welche sich – anknüpfend an die Terminologie von Aristoteles (vgl. Abschn. 1.2) – in die syndyastische und die politische Immunität unterteilen lässt. Die syndyastische Immunität bildet sich durch körperliche Nähe im Rahmen einer intimen Beziehung aus und führt zu einem Zustand der Entspannung durch neurobiologische Deaktivierung der Stresssysteme, d. h. ein hohes syndyastisches Funktionsniveau, was auch stärkenden Einfluss auf die biologische Immunität nimmt und die Abwehrkräfte

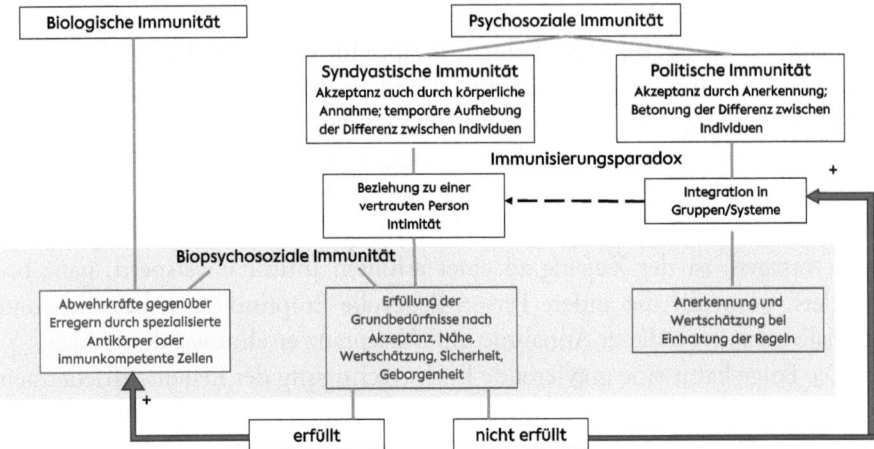

Abb. 2.1 Die Struktur menschlicher Immunisierungskontexte; das Immunisierungsparadox entsteht durch die verringerte Auswahl vertrauter Personen aufgrund der Gruppenzugehörigkeit

erhöht. Bei einem niedrigen syndyastischen Funktionsniveau bleiben diese Möglichkeiten der syndyastischen Immunität nur unzureichend genutzt und die neurobiologische Umschaltung tritt nicht oder nur geringfügig ein: Die Stresssysteme werden weniger stark deaktiviert. In der Folge besteht eine geringere Stimulation der biologischen Immunität und eine stärkere Zuwendung zu den Möglichkeiten der politischen Immunisierung, um durch verstärkte soziale Teilhabe in Gruppen und Systemen politische Immunität zu erlangen. Dies kann wiederum mit dem Nachteil verbunden sein, dass hierdurch die Chancen einer syndyastischen Immunisierung noch weiter sinken, sich also das Immunisierungsparadox auswirkt.

Zu beachten ist ein bedeutsamer Unterschied: Während die syndyastische Immunität auf Akzeptanzerfahrungen auch durch körperliche Annahme und einer *temporären Aufhebung der Differenz* zwischen Individuen beruht, basiert die politische Immunität gerade auf der *Betonung der Differenz*, die einen in Gruppen und Gesellschaften geförderten Selbstentfaltungsmodus darstellt und auf diese Weise die Akzeptanz erhöht.

Dies ist der Ansatzpunkt zur Entschlüsselung der Bedingungen einer Teilhabe am Gemeinsamen. Im Zentrum steht die Analyse der Erfüllung oder Frustration existenzieller Grundbedürfnisse in sozialen Kontexten, insbesondere hinsichtlich der Auswirkungen des Erkennens und Bewertens von Differenz (vgl. Kap. 3) und Akzeptanz (vgl. Kap. 4). Am stärksten ausgeprägt sind diese Bewertungsvorgänge bezüglich der intimen Intersubjektivität, weil darin die Erfüllung der Grundbedürfnisse besonders intensiv möglich ist. Von Interesse sind folglich die Mechanismen, welche dies begünstigen oder eben verhindern.

Durch die Reflexionsfähigkeit des Menschen und sein Erkennen von Differenz und Akzeptanz ist der Zustand dauerhaft erfüllter Grundbedürfnisse und ein Leben ohne entsprechende Frustrationen ein Widerspruch in sich. Dies entspricht soweit der philosophischen Ausgangsposition Schopenhauers, der in Bedürftigkeit, Mangel und Schmerz die „Basis allen Wollens" sah. Ihm schien das Menschenleben zu keiner wahren Glückseligkeit fähig, weil jede Lebensgeschichte eine Leidensgeschichte sei: das „Jammertal" des Diesseits (Schopenhauer 1997, § 59).

Dies ließe sich positiver fassen: Anzustreben ist ein Zurechtkommen-Können mit diesen Frustrationen und Defiziten bei der grundsätzlich möglichen (wenn auch nur gelegentlich eintretenden) Erreichbarkeit des Erlebens von erfüllten Grundbedürfnissen.

Anzustreben ist folglich die temporäre Aufhebung der Differenz zwischen Individuen, die sich in der Intimität körperlicher Annahme vollzieht und zu jener Akzeptanz zu führen vermag, die dadurch eine Erfüllung der Grundbedürfnisse und einen *biopsychosozialen Immunitätszuwachs* möglich macht.

Das Verständnis dieser Mechanismen kann dazu beitragen, Immunität durch Intimität stärken zu helfen, ohne die Bedeutung von Bindungen an Gruppen, religiösen oder gesellschaftlicher Institutionen infrage zu stellen, gleichwohl aber ihren Einfluss hinsichtlich der Erfüllung existenzieller Grundbedürfnisse in sozialen Kontexten zu relativieren.

3

Differenz – Was unterscheidet uns?

Inhaltsverzeichnis
3.1 Geschlechtlichkeit 33
3.2 Persönlichkeit 40
3.3 Sexualität 45
3.4 Reproduktivität 60

Entwicklung ist nur möglich durch Differenz. Es bedarf eines differenten Anderen, um etwas hervorzubringen, was nur durch den Austausch der Beteiligten möglich ist: etwas Neues. Die *genetische Rekombination* belegt die biologische Komponente dieses Grundprinzips, die auf die Verbindung von Ei- und Samenzellen angewiesen ist, um neues Leben zu schaffen. Die *intellektuelle Rekombination* zeigt die psychosoziale Komponente, mit dem gedanklichen Austausch als Ausgangspunkt neuer Ideen. Differenzen sind somit ein Gewinn, wenn man eine positive Entwicklungsperspektive zugrunde legt, also die Chance, am Anderen zu wachsen.

Interindividuelle Differenzen sind für eine sexualwissenschaftlich ausgerichtete Anthropologie von besonderem Interesse, wenn sie einen starken Einfluss auf die existenziellen Grundbedürfnisse vermuten lassen – sowohl im positiven als auch im negativen Sinne, also Immunität stärken oder schwächen können. Zur Darstellung kommen im Folgenden jene Differenzen, deren (durch seine kognitiven Fähigkeiten unvermeidliche) Erfassung und Bewertung beim Menschen sich bezüglich einer *Erlangung von Immunität durch Intimität* besonders stark auswirken könnten.

Dies gilt für die Geschlechtszugehörigkeit (vgl. Abschn. 3.1), da sich die Bedeutungszuweisungen im Rahmen des Bewerten-Müssens (vgl. Abschn. 2.2) stark auf diese beziehen können, insbesondere dann, wenn eine syndyastische Deprivation zu verarbeiten ist – für die stets Gründe gesucht und gefunden werden. Dabei ist gerade die Kategorie Geschlecht durch gesellschaftliche Benachteiligung des weiblichen Geschlechts eine plausible Projektionsfläche für negative Bedeutungszuweisungen und einer als ungerechtfertigt gering erlebten Immunität (etwa im Vergleich zum männlichen Geschlecht).

Dies ändert allerdings nichts an der grundsätzlichen Möglichkeit einer temporären Aufhebung der Differenz im Immunisierungskontext Intimität. Ein solcher Zustand ist dann erreichbar, wenn die Differenz als Einflussgröße sozialer Wirklichkeit ihre zentrale Bedeutung für Motivation und Handeln verliert: Das Entstehen von Akzeptanz wird davon nicht tangiert. Differenzen werden entdynamisiert und weichen einem Gefühl der unmittelbaren Verbundenheit mit dem anderen, die an keinerlei Bedingungen geknüpft ist, aber eben jenes Gefühl innerer Stimmigkeit und des Einklangs hervorruft, welches nur durch das Dasein eines Anderen hervorzubringen ist und bei diesem in gleicher Weise eintritt. Dies ist der Ausgangspunkt für den beidseitigen Zuwachs an Immunität im Sinne der Widerstandskraft gegen die Widrigkeiten des Lebens.

Dieser Zuwachs kann wiederum in seiner Entstehung bereits massiv beeinträchtigt sein durch (sowohl physische als auch emotionale und sexuelle) Traumatisierungen, die das Vertrauen in das Gelingen von Beziehung elementar erschüttern können. Diese bedürfen darum besonderer Beachtung (vgl. Abschn. 3.1–3.4).

Für die Ausformungen der intersubjektiven Intimität sind darüber hinaus sowohl die Struktur der Persönlichkeit (vgl. Abschn. 3.2) als auch die sexuelle Präferenzstruktur (vgl. Abschn. 3.3) ganz maßgebliche, gleichwohl wenig beachtete Einflussfaktoren, welche im Rahmen der Wir-Bildung die Passung zum individuellen Anderen aussteuern, um eben jene temporäre Aufhebung der Differenz und einen Zuwachs an biopsychosozialer Immunität zu ermöglichen.

Die Fortpflanzungsdimension ist wiederum als mehrfache Herausforderung für die Erfüllung der Grundbedürfnisse anzusehen, da über die elterliche Beziehung hinaus ein Immunität-bedürftiges neues Lebewesen entsteht, welches auf die Feinfühligkeit der Bezugspersonen angewiesen ist, um in Beziehungen Annahme und Sicherheit zu erfahren. Hierauf dürften die Eltern umso mehr vorbereitet sein, wenn sie gegenseitig auf die – zumindest temporäre – Erfüllung ihrer eigenen Grundbedürfnisse vertrauen können, wobei eben auch das Gegenteil der Fall sein kann (vgl. Abschn. 3.4).

3.1 Geschlechtlichkeit

Es gibt keine menschliche Kultur ohne eine formelle oder informelle Praxis der Geschlechtszuordnung – einschließlich neuerer Konzepte, im individuellen Fall eine solche Zuordnung offen oder als divers eintragen zu lassen, wie dies nach deutschem Personenstandsrecht (seit dem Jahre 2018) möglich ist. Kulturübergreifend sind die Hauptgruppen der Bevölkerungen Angehörige des männlichen oder des weiblichen Geschlechts mit konfliktfreien (Selbst-)Zuordnungen zu dieser Zugehörigkeit.

Gleichzeitig rankt sich – wiederum kulturübergreifend und in allen historischen Epochen – um das Geschlecht eine Fülle von Bedeutungszuweisungen, die Einfluss haben auf das reale Leben der Menschen und zweifelsohne auf das Bewerten-Müssen zurückgehen (vgl. Abschn. 2.2).

Geschlechtskongruenz
Die Zugehörigkeit zum männlichen oder zum weiblichen Geschlecht ist ein Unterschied, der ab dem dritten Lebensjahr von Kindern bewusst erkannt und noch im Vorschulalter im Rahmen der Geschlechtsidentitätsentwicklung (in den meisten Fällen) eine feste Verortung erfährt. Dabei ist hierfür die Fähigkeit zum zeitlichen Denken eine zwingende Voraussetzung, also das Wissen um die Dauerhaftigkeit der Geschlechtszugehörigkeit und auch ihre Unveränderbarkeit – eine kognitive Leistung, die nur aufgrund der menschlichen Neuhirnentwicklung überhaupt möglich ist. Es handelt sich dabei um kognitive Fähigkeiten, die sich nicht abschalten lassen, sondern unvermeidbar dafür sorgen, dass die mit dem Geschlecht in Verbindung gebrachten – durch die kulturellen Rollenvorgaben mitbedingten – Erfahrungen einer Bewertung unterzogen werden. Dabei resultieren diese Erfahrungen aus individuellen, kollektiven und institutionellen Immunisierungskontexten (s. Kap. 4).

Kinder befassen sich damit, wie sie später als Erwachsene sein werden, wobei sie sich an Bezugspersonen orientieren, denen sie wiederum ein Geschlecht zuordnen und darauf ihren späteren eigenen Entwicklungsstandpunkt projizieren. Dies verläuft über Identifikationsprozesse in positiver wie in negativer Richtung („möchte später so sein wie …"; „möchte später auf keinen Fall sein wie …") und ist verbunden mit Wahrnehmung von Rolleninhalten und ihrer Bewertung. Die Zuordnung zu einem Geschlecht bei sich und bei Anderen ist ein fortlaufender Prozess, der mit Erreichen des Schulalters eindeutige Kategorisierungen aufweist, welche die Kinder in der Regel zur Bestätigung ihrer Geschlechtszugehörigkeit selbst ansteuern (sogenannte

Selbstkategorisierungsprozesse). In diesem prozesshaften Geschehen ist das andere Geschlecht, dem man nicht angehört, ein genauso wichtiges Bestimmungsstück wie das eigene Geschlecht, dem man angehört. Vom individuellen Anderen wünscht man sich die Bestätigung dieser Zugehörigkeit, d. h. die Annahme in der jeweiligen Geschlechtlichkeit, mit entsprechender Verunsicherung, wenn diese ausbleibt.

Das Erkennen der Geschlechtsdifferenz ist ein ebenso unvermeidbarer Vorgang wie die Bewertung von in der eigenen Geschlechtlichkeit gemachten Erfahrungen, insbesondere hinsichtlich der Suche nach syndyastischer Erfüllung und diesbezüglicher Frustrationen. Auch die zunehmenden non-binären Identitätsformen, verbunden mit der Selbsterkenntnis, sich im binären Geschlechtermodell nicht wiederzufinden, setzen ein Erkennen und Bewerten der Geschlechtsdifferenzen voraus.

Diskurse über die Geschlechterdifferenz mit der Intention, die damit verknüpften Ungleichbehandlungen zu neutralisieren, sind ihrerseits Ausdruck des Bewerten-Müssens. Bemerkenswert ist z. B. der radikale Ansatz von Donna Haraway mit den geschlechtslosen „Cyborgs" („Manifest für Cyborgs" 1985) und der dadurch angestrebten Aufhebung der Geschlechter-Binarität, da sie die Bedeutung des Binden-Müssens als einen speziesübergreifenden Imperativ hervorhebt, etwa in ihrem Essay „Hunde mit Mehrwert und lebendiges Kapital" (2007b) oder auch in „When Species Meet" (2007a). Hier kommt zum Ausdruck, dass der Schlüssel zur syndyastischen Erfüllung ein wertfreies Miteinander darstellt, das Haraway sich für die Begegnung geschlechtsloser Menschen und eben auch für die Beziehung zu einem Hund vorstellen konnte, weil dieser als verlässlicher Weggefährte ohne Bewertung den Austausch sucht und durch Körperkontakt verwirklicht.

Die therapeutische Bedeutung des körperlichen Kontaktes zu Tieren, speziell Hunden, ist dabei gut bekannt und durch viele klinische Beispiele belegbar.

Fallbericht

Die 25-jährige normalintelligente Sozialhilfeempfängerin war nach dem Hauptschulabschluss im Alter von 17 Jahren schwanger geworden und sah sich nach Geburt der Tochter nicht in der Lage, sich um das Kind adäquat zu kümmern. Der – inzwischen getrennt lebende – 3 Jahre ältere Vater hatte gerade seine Lehre abgeschlossen und sich bereit erklärt, mit Unterstützung seiner Eltern und des Jugendamtes die Betreuung zu übernehmen. Die junge Mutter war durch rezidivierende depressive Episoden mehrfach stationär in Behandlung und sah die Tochter nur sporadisch. Sie gab an, sie könne Nähe zu anderen Menschen nicht aushalten, wobei sie den Grund dafür darin sehe, dass ihre Eltern sie „verraten" hätten, sie nämlich zu einer Tante gegeben hätten, wo sie unter wenig liebevollen Bedingungen aufgewachsen sei. Ihr einziger Trost sei ein kürzlich angeschaffter Hund, den sie über alles liebe und mit dem sie häufig körperliche

> Nähe suche. Seitdem sie den Hund habe, hätte sich das Verhältnis zum Kindesvater und zu ihrer Tochter immer mehr verbessert. Mittlerweile sehe sie sich in der Lage, diese tageweise, manchmal auch das Wochenende über zu übernehmen, worauf sie sehr stolz sei.

Gleichwohl gilt: Durch die biopsychosoziale Ganzheit des Individuums kann jedwede Erfahrung der frustrierten Suche nach Erfüllung der existenziellen Grundbedürfnisse auf die Geschlechtszugehörigkeit bezogen werden.

Geschlechtsinkongruenz
Nur bei Menschen – die als einzige Spezies eine Geschlechtsidentität ausbilden – kann es zu einer Inkongruenz zwischen der subjektiv empfundenen Geschlechtszugehörigkeit und dem zugewiesenen Geschlecht kommen. Dann besteht ein starkes Nicht-Mögen oder Sich-Unwohlfühlen in Bezug auf die eigenen primären oder sekundären Geschlechtsmerkmale und aufgrund dieser Inkongruenz der starke Wunsch, wie ein Angehöriger des subjektiv empfundenen Geschlechtes behandelt zu werden.

Der Beginn dieses Empfindens kann bereits im Kindesalter liegen, wenn ein Kind also äußert, sich dem anderen Geschlecht zugehörig zu fühlen und das eigene abzulehnen. Entsprechend muss zuvor der Geschlechtsunterschied erfasst worden sein, um innerlich die Zuordnung zum Gegengeschlecht vornehmen zu können. Dies hat dann entsprechende Konsequenzen für die Akzeptanzprozesse, da es ja vom individuellen Anderen Akzeptanz für das Geschlecht anstrebt, dem es sich zugehörig fühlt, und die Selbstkategorisierungsvorgänge in diese Richtung bewegen möchte. Entsprechend enttäuscht ist es, wenn die gewünschten Effekte nicht eintreten, sondern sogar umgekehrt eine Bestätigung des Geburtsgeschlechts erfolgt (z. B. durch die Nennung des entsprechenden Vornamens).

Dabei sind Konstellationen bekannt, wonach Kinder aufgrund der in ihnen vorhandenen Akzeptanzwünsche sich auf die Vorstellungen der Erwachsenenwelt einstellen und dies auch ihr Zugehörigkeitsempfinden zum Geschlecht betreffen kann.

> **Fallbericht**
> Die Mutter eines biologischen Jungen vertrat ab dessen 3. Lebensjahr die Auffassung, dass er sich geschlechtsatypisch verhalte und eigentlich „wie ein Mädchen" sei. Sie hatte bereits eine Tochter und war bei der Geburt erschüttert über

> die Nachricht, dass ihr zweites Kind ein Sohn ist. Wie sie mitteilte, habe sie die Möglichkeit, einen Sohn zu gebären, gar nicht in Betracht gezogen. Sie konnte in der weiteren Entwicklung des Kindes nie etwas Männliches entdecken, was der biologische Vater anders sah, der seinen Sohn für einen „normalen Jungen" hielt. Aus der Biografie der Mutter ergaben sich genügend Anhaltspunkte, um eine massive Ablehnung des männlichen Geschlechts verstehen zu können. Sie war als Kind von verschiedenen (männlichen) Familienmitgliedern über einen längeren Zeitraum sexuell missbraucht worden und hatte in Beziehung zu Männern, wie auch zum Vater ihrer beiden Kinder, nie ein wirkliches Vertrauensverhältnis aufbauen können. Nachdem sie sich schließlich von ihrem Mann getrennt hatte, wollte der Sohn beim Vater „Junge" sein und bei ihr „Mädchen", was vor allem die Suche des Kindes nach Akzeptanz und erfüllter Grundbedürfnisse in der Beziehung zu dem jeweiligen Elternteil zum Ausdruck bringt.

Mit Beginn der Pubertät und den eingeleiteten biologischen Prozessen zur Erlangung der körperlichen Sexualreife, d. h. Fortpflanzungsfähigkeit, machen sich sowohl Angehörige des weiblichen als auch des männlichen Geschlechts in größerem Umfang darüber Gedanken, ob sie „genügend" männlich oder weiblich sind, wobei dies nur möglich ist durch den Abgleich mit dem, was eine Kultur unter Männlichkeit oder Weiblichkeit subsumiert.

Auf der Ebene der Geschlechtlichkeit spielen in diesem Zusammenhang aber die Genitalorgane und ihre Funktion eine zunehmende Rolle – einschließlich der Fragen, wie diese zu „nutzen" sind, wie man also in der Interaktion mit dem Anderen dessen (vermeintlichen) und den eigenen Vorstellungen entsprechen sollte. Diesbezüglich ist es nicht trivial, welche Rollenvorbilder im gesellschaftlichen Umfeld verfügbar sind, insbesondere durch Vermittlung der neuen Medien und Internettechnologien. So können die vielfältigen pornografischen Angebote, die Kinder bereits zu Anfang der Pubertätsphase (im Alter von 11–12 Jahren) erreichen können, im Selbstabgleich zu einer defizitären Selbstwahrnehmung führen, etwa mit Blick auf die Penis- oder Brustgröße sowie die Körpergestalt insgesamt. Nur die Hälfte der Mädchen und zwei Drittel der Jungen sind mit ihrem Körper zufrieden. Das Gewicht spielt in der Wahrnehmung eine enorme Rolle. Die Mehrheit meint, dass es einen Zusammenhang zwischen Beliebtheit und „Dünnsein" gibt. Entsprechend ist etwa nur die Hälfte der 12-jährigen Mädchen mit ihrem Gewicht zufrieden. Jedes dritte Mädchen ab 13 Jahren kontrolliert regelmäßig das Gewicht und schon jede zehnte 11-Jährige und jede vierte 12-Jährige sagt, sie habe eine Diät gemacht, um abzunehmen (Bravo, Dr. Sommer-Studie 2016).

Geschlechtsunsicherheit

Tatsächlich gibt es sehr viele klinische Beispiele für Jugendliche oder junge Erwachsene, die nicht ihre Geschlechtszugehörigkeit infrage stellen, aber bezweifeln, ob sie dem ausreichend entsprechen, was sie als Mann oder Frau verkörpern sollten. Auch hier ist der *individuelle Andere* aus dem unmittelbaren Umfeld die eigentliche Referenz für diese Bewertung, neben dem *kollektiven Anderen*, dem die grundsätzlichen Betrachtungen zu Männlichkeit und Weiblichkeit entnommen werden. Oftmals sind es Mischungsverhältnisse aus diesen vermeintlichen Fremdbewertungen durch Andere, welche die Selbstkategorisierung steuern und im Bereich der Schönheitschirurgie Hintergrund für den Wunsch nach körperverändernden Maßnahmen sein können.

> **Fallbericht**
>
> So entschied sich eine 25-jährige Physiotherapeutin im Alter von 18 Jahren zu einer Schamlippenverkleinerung, weil sie das Aussehen der Scheide als abstoßend für einen männlichen Partner empfand, obschon ihr damaliger Freund ihr das Gegenteil beteuerte. Aufgrund eines ohnehin sehr stark reduzierten Selbstwerterlebens stellte sie dessen (authentische) Zuneigung sehr infrage und wunderte sich ohnehin darüber, dass dieser mit ihr zusammen war, weil sie sich selbst als nicht liebenswert ansah. Dies hatte gut rekonstruierbare biografische Hintergründe: Sie hatte als Kind Feindseligkeiten zwischen den Eltern erlebt, die zum Teil in Gewalttätigkeiten gegenüber der Mutter gemündet waren. Als einziges Kind der Eltern habe sie sich dann immer um Schlichtung bemüht, indem sie den aggressiven Vater durch körperliche Nähe zu beruhigen versuchte. Als sie etwa 5 Jahre alt gewesen ist, sei die Mutter dann mit ihr ins Frauenhaus geflüchtet – das Verhältnis zum Vater sei hiernach sehr belastet gewesen. Er habe die Mutter in massiver Weise entwertet und am Ende sei sie, die Tochter, Opfer eines „Scheidungsdramas" geworden: Immer habe sie das Gefühl gehabt, als ginge es gar nicht wirklich um sie, sondern sie sei lediglich eine „Schachfigur im Spiel der Erwachsenen" gewesen und so habe sie häufig gedacht, „wenn es mich nicht gegeben hätte, wären die ganzen Probleme gar nicht entstanden". Die Vorstellung im Alter von 25 Jahren erfolgte schließlich, weil der schönheitschirurgische Eingriff nicht das gewünschte Resultat erbracht hatte („ist jetzt noch viel schlimmer") und sie weiterhin Schwierigkeiten angab, sich auf Beziehungen mit Männern einzulassen – eben, weil sie deren Interessen ihr gegenüber misstraute, da sie sich selbst nicht für liebenswert hielt.

Das Fallbeispiel verdeutlicht, dass die Frustration des Bedürfnisses nach syndyastischer Erfüllung sich so sehr auf die Selbstwahrnehmung der eigenen Geschlechtlichkeit und Attraktivität gegenüber männlichen Partnern auswirkte, dass die junge Frau bereits im Alter von 18 Jahren einen genitalkorrigierenden Eingriff durchführen ließ, den sie selbst finanzierte. Das Misstrauen gegenüber dem individuellen Anderen bezüglich einer authentischen Akzeptanz und Attraktivität ihrer Weiblichkeit inklusive der Genitalien war so groß, dass sie meinte, nur durch körperliche Veränderung das erwünschte Ausmaß an Akzeptanz erlangen zu können.

Geschlechtsstereotypien
Bezüglich des mittlerweile weitverbreiteten Konsums von pornografischen Materialien mit Beginn bereits im Kindesalter (9 % der 12-jährigen Mädchen und 15 % der 12-jährigen Jungen haben laut einer deutschen Erhebung im Jahr 2016 Hardcore-Pornografie gesehen; vgl. Bravo, Dr. Sommer Studie 2016; „Pornos bereits gesehen" zu haben, bejahten 19 % der 11–13-jährigen Mädchen und 22 % der 11–13-jährigen Jungen in einer Befragung aus dem Jahre 2023; vgl. Landesanstalt für Medien NRW 2023) ist der Einfluss der dabei vermittelten Rollenstereotype aus klinischer Sicht immer deutlicher: Junge Männer berichten davon, mit Beginn der Pubertät ausschließlich Pornografie bei der Selbstbefriedigung konsumiert und sich in realen soziosexuellen Situationen „wie ein Pornodarsteller" gefühlt zu haben, der funktionieren muss, weshalb das personale Geschehen dahinter zurücktrat. Tatsächlich ist das Wesen der Pornografie die Austauschbarkeit der darstellenden Personen, d. h. die Beziehungslosigkeit der gezeigten Interaktionen, die auch gar nicht auf syndyastische Erfüllung aus sind, sondern einen sexuellen Akt ausführen und bebildern wollen, eher also im Sinne eines technischen Geschehens bzw. eines funktionellen Ablaufs. Es ist nicht verwunderlich, dass sich dies dann auf die realen Beziehungen insofern auswirkt, als dass junge Menschen meinen, das vollziehen zu müssen, was dort gezeigt wird, um als Beziehungspartner akzeptiert werden zu können. Die Vornahme entsprechender sexueller Handlungen bzw. der Nachvollzug der technischen Abläufe wird als Voraussetzung für die syndyastische Erfüllung gesehen.

Dies kann nach klinischen Erfahrungen zur Folge haben, dass Heranwachsende sexuelle Handlungen durchführen, die sie gar nicht durchführen möchten, in der Befürchtung, vom Anderen nicht geliebt zu werden, wenn sie dies nicht tun würden. Umgekehrt könnte der Andere davon ausgehen, dass die sexuelle und partnerschaftliche Vollwertigkeit erst dadurch zum Ausdruck kommt, dass man eben genau jene sexuellen Praktiken begehren muss, auch wenn das gar nicht der Fall ist. Oftmals fehlt der Austausch über diese Vermutung und es bleibt nur die Bewertung der eigenen Wahrnehmung des Vorganges, die unter diesen Gegebenheiten ungünstig ausfällt.

Den empirischen Daten zufolge ist ohnehin davon auszugehen, dass durch das Internet vermehrt Kinder zu geschlechtsbezogenen Handlungen motiviert werden, sodass sie aufgrund der Anonymität und fehlenden Autorität sowie der daraus resultierenden verringerten Hemmungsmechanismen online vollziehen, was sie offline nie getan hätten. Dies betrifft beispielsweise die Versendung selbst erstellter Nacktbilder, an der sich in immer stärkerem Umfang bereits Kinder ab dem Alter von 7 Jahren beteiligen und hierbei überwiegend Mädchen (International Watch Foundation 2021). Dies gilt auch für das sogenannte „Sexting", also das Versenden von Textnachrichten mit sexuellem Inhalt, das 29 % der 11–13-jährigen Mädchen und 39 % der 11–13-jährigen Jungen in einer Befragung angaben, bereits gemacht zu haben (Landesanstalt für Medien NRW 2023). Hier liegt die Annahme nahe, dass die Kinder auf der Suche nach der Erfüllung ihrer Grundbedürfnisse – insbesondere nach Anerkennung – Textnachrichten oder Nacktbilder fertigen, zumal es Hinweise darauf gibt, dass die Bereitschaft dazu wächst, wenn innerhalb des familiären Bezugsrahmens eine solche Anerkennung auf anderem Wege nicht gegeben ist (Bianchi et al. 2019).

Das Bild vom eigenen Geschlecht wird insofern auf der Suche nach syndyastischer Erfüllung eingesetzt und die dabei gemachten Erfahrungen sind deshalb frustrierend, weil sie das intendierte Ziel – nämlich die Erfüllung der Grundbedürfnisse – von vornherein gar nicht erreichen konnten.

Geschlechtsbezogene Traumata
Das Spektrum der Traumatisierungen von Menschen aufgrund ihrer Geschlechtszugehörigkeit ist groß und die dokumentierten Fallzahlen sind beunruhigend: Daten der Weltgesundheitsorganisation zufolge haben weltweit ca. 30 % der Frauen Gewalterfahrungen durch den Intimpartner gemacht (WHO 2013). Hinzu kommt, dass in vielen Kulturen darin kein strafbares Verhalten gesehen wird, insbesondere, wenn es sich um eine Ehegemeinschaft handelt, und auch in Industrienationen sind die Möglichkeiten einer rechtswirksamen Gegensteuerung begrenzt. Dies wird etwa durch den Umstand verdeutlicht, dass für viele Frauen als letzte Rettung abgeschirmte Unterbringungsmöglichkeiten (Frauenhäuser) als Zuflucht dienen müssen – was nur dort möglich ist, wo sie überhaupt verfügbar sind.

Folgt man den Darstellungen des Büros der Vereinten Nationen für Drogen- und Verbrechensbekämpfung (UNODC), wurden 2017 weltweit 50.000 Frauen von Intimpartnern oder Angehörigen mit Vorsatz getötet, davon 30.000 durch ihren aktuellen oder früheren Intimpartner. Damit lag die Zahl der weiblichen Opfer pro Jahr 2017 um 2000 höher als bei der letzten Erhebung 2012. Die Rate von intimem und familiärem Femizid zusammen betrug 1,3 pro 100.000 Frauen im Jahr 2017, wobei die Raten in den verschiedenen Regionen stark variieren (von 0,7 in Europa bis hin zu 3,1 in Afrika). Die Frauenmordrate insgesamt betrug 2,3 pro 100.000 Frauen.

Eine weitere geschlechtsbezogene Traumatisierung erwächst aus dem sogenannten Stalking. Darunter wird eine unerwünschte und wiederholte Beobachtung, Kontaktierung, ggf. Belästigung und Aggression – überwiegend zum Nachteil von Angehörigen des weiblichen Geschlechts – verstanden, die prinzipiell zwar justiziabel und mit Verboten und Strafen verbunden sein können, die sich aber meist als wenig wirksam erweisen.

Stalking kann nach Trennung intimer Beziehungen auftreten, aber auch gegenüber Personen, zu denen nie eine nähere Verbindung bestanden hat. Ganz offensichtlich ist die wechselseitige Kommunikation ersetzt durch eine Einseitigkeit, sodass die subtile Wahrnehmung von und vor allem die adäquate Reaktion auf die Empfindungen des begehrten Partners nicht in ausreichendem Maße stattfinden. Stalking persistiert über längere Perioden und die Mechanismen können sich je nach Ausprägung steigern.

Häufige Gewalterfahrungen machen auch Menschen mit geschlechtsinkongruenten Empfindungen, wobei das genaue Ausmaß schwer zu beziffern ist, weil von einem großen Dunkelfeld auszugehen ist (EUFRA 2024). In all diesen Fällen ist von einer wiederholten Frustration der Grundbedürfnisse auszugehen, also einem Fehlen des Gefühls von Sicherheit und Akzeptanz in verschiedenen sozialen Kontexten, die folglich nicht zu einer Immunisierung beitragen, sondern das Gegenteil bewirken, weshalb nicht verwunderlich ist, dass dies für die Betroffenen mit gesundheitlichen Beeinträchtigungen einhergeht.

3.2 Persönlichkeit

Einen großen Einfluss bei der Suche nach syndyastischer Erfüllung und einem Zuwachs an Immunität hat die Persönlichkeitsstruktur als ganz individuelle und einzigartige Ausprägung und Kombination von Eigenschaften und Fähigkeiten in der Bedürfnisartikulation und der Teilhabe am Gemeinsamen. Dies betrifft alle Immunisierungskontexte (vgl. Kap. 4), hat aber besonders starke Auswirkungen in der Interaktion mit dem individuellen Anderen. So hängt von den Persönlichkeitseigenschaften ab, wie stark Menschen einem Impuls nachgeben oder aber ein Bedürfnis aufschieben können. Dies äußert sich u. a. in einer unterschiedlichen Stressresilienz, die den Hintergrund dafür bildet, dass ein Zurechtkommen-Können mit einer nur gering ausgeprägten syndyastischen Erfüllung bei einem Menschen ohne größere Beunruhigung gelingt, während ein anderer Mensch – selbst bei einer gegebenen, authentischen

Intimbeziehung – einen Mangel sehr schnell spürt und möglichst sofort abstellen möchte.

Persönlichkeit und ihre Eigenschaften kommen durch charakteristische Verhaltensweisen und Interaktionsmuster des Individuums zum Ausdruck, mit denen es den Anforderungen und Erwartungen seiner Umgebung und Kultur zu entsprechen und seine zwischenmenschlichen Beziehungen mit Sinn zu füllen versucht.

Jene spezifischen Eigenarten, die ein Individuum typisieren, unterscheiden sie zugleich von Anderen, insbesondere, was das Mischungsverhältnis betrifft, und sind damit Ausgangspunkt von Differenz – die aber vor allem auf der interindividuellen Ebene eine Bereicherung darstellen kann, wenn sie die Entwicklung des jeweils Anderen zu fördern vermag.

Persönlichkeitsstruktur
Grundsätzlich lässt sich sagen, dass die Persönlichkeitsentwicklung in den jeweiligen Immunisierungskontexten erfolgt und neben dispositionellen (d. h. biologischen) Komponenten auch biografische (d. h. psychosoziale) Erfahrungen in einer individuellen Bedeutungszuweisung enthält und die Interaktion mit Anderen davon nicht freigemacht werden kann.

So gibt es beispielsweise *narzisstisch* strukturierte Menschen, die vor allem Signale von anderen dahin gehend aufnehmen, ob sie beachtet sowie möglichst bewundert werden und welchen Eindruck sie bei anderen hinterlassen.

Menschen mit *schizoiden* Persönlichkeitsanteilen ist das weniger wichtig: Sie spüren eine unausgesprochene Verbundenheit, was ihre eher geringe kommunikative Offenheit erklärt.

Diese wiederum ist bei *hysterisch* konfigurierten Persönlichkeiten ausgeprägt, und zwar dahin gehend, dass Hinweise darüber zu erlangen versucht werden, welche erotische (d. h. geschlechtsbezogene) Anziehungskraft von einem ausgeht.

Personen mit *depressiver* Persönlichkeitsverfasstheit bedingen hingegen eher eine Kommunikation, die den Anderen insgesamt für sich einnehmen möchte, auch aufgrund der Sorge, diesen verlieren zu können – verbunden mit der Hoffnung, gebraucht zu werden.

Diese Hoffnung hat ein Mensch mit *zwanghafter* Persönlichkeitsstruktur zwar auch, aber für ihn ist es vor allem wichtig, die Kontrolle über das Gesamtgeschehen zu bewahren und den Anderen zum Teil dieser Kontrolle zu machen.

In gewisser Weise brauchen das *phobisch* strukturierte Menschen ebenfalls, die aber stärker daran interessiert sind, dass ihnen durch Andere Ängste genommen werden, um ihre Unsicherheiten zu verringern (vgl. Riemann 2019; König 2010).

Es handelt sich hierbei um normale Persönlichkeitsausprägungen, die geeignet sind, partnerschaftliche Passungen zu begünstigen, sofern für die Beteiligten die Wahrscheinlichkeit syndyastischer Erfüllung beziehungsweise eines gegenseitigen Immunitätszuwachses steigt. Dies ist dann der Fall, wenn in der leiblichen Begegnung jener überindividuelle Effekt eintritt, der nur durch Selbstrücknahme möglich ist. Nur dann geht die Individualität für einen gewissen Zeitraum im Gemeinsamen auf und der überindividuelle Gewinn kann von beiden Beteiligten in Anspruch genommen werden.

Sollte also ein narzisstisch strukturierter Mensch in der Intimbegegnung damit befasst sein, ob er bewundert wird, dann wäre er *mehr bei sich als beim Gemeinsamen*. Gleiches gilt bei einer hysterischen Persönlichkeitskonfiguration, sofern im Vordergrund des Erlebens die Frage steht, ob man als ‚richtiger Mann' oder ‚richtige Frau' (entsprechend den kulturellen Stereotypen) wahrgenommen wird. Depressive Menschen hingegen entfernen sich dadurch vom Gemeinsamen, wenn für sie die Sorge, verlassen werden zu können, im Vordergrund steht. Zwanghafte können sich wiederum nicht hingeben, wenn sie dominiert werden von dem Gedanken, die Kontrolle nicht verlieren zu dürfen. Phobisch strukturierten Menschen muss in der Gemeinsamkeit ihre Angst genommen werden und diese darf sie auch nicht beschäftigen. Bei Vorliegen schizoider Persönlichkeitsanteile muss wiederum für die Betroffenen die leibliche Erfahrung von Verbundenheit im Vordergrund stehen – also im konkreten und nicht im fantasierten Sinne.

Die Persönlichkeitsverfasstheit entscheidet also mit, inwieweit die Passung zu einem Gegenüber gelingt und es zur temporären Aufhebung der Differenz kommen kann – oder eben fehlgeht.

Krankheitsbedingt können sich Persönlichkeitseigenschaften soweit ändern, dass das frühere partnerschaftliche Zusammenspiel mit der Möglichkeit der syndyastischen Immunisierung nicht mehr gelingt.

Fallbericht

Der 52-jährige Fernfahrer war vor 3 Jahren an Morbus Parkinson erkrankt und unter dem Einfluss der erforderlichen Medikation (welche den krankheitsbedingten Dopaminmangel ausgleichen soll) in seinem sexuellen Verlangen derart gesteigert, dass die – ihm über 25 Jahre innerlich sehr verbundene Ehefrau – ihn nicht mehr wiederzuerkennen glaubte. Dabei war das sexuelle Verlangen gesteigert, aber die Orgasmusfähigkeit nicht mehr gegeben, sodass die – von ihm selbst als persönlichkeitsfremd wahrgenommenen – starken sexuellen Bedürfnisse unstillbar waren und er zunehmend verzweifelt Versuche unternahm, durch sexuelle Kontakte mit Prostituierten einen Erregungshöhepunkt herbeizuführen, und hierfür so große Summen investierte, dass die

> wirtschaftliche Situation der Familie (ein Kind im Jugendalter) gefährdet schien. Die Beziehung zur Ehefrau war so weit unterhöhlt, dass diese sich zu trennen beabsichtigte, was sie so begründete, dass dies nicht der Mann sei, den sie einmal geheiratet habe, und sie den Belastungen nicht gewachsen wäre.

Solche Entwicklungen sind beispielsweise bei demenziellem Abbau bekannt, aber auch Pflegebedürftigkeit aufgrund schwerer Erkrankungen vermag die ursprüngliche Verbindung zur geliebten Person erheblich auf die Probe zu stellen, da erforderlich werdende Pflegetätigkeiten für beide Partner mit starken psychischen Belastungen einhergehen können.

Kulturen und gesellschaftliche Strukturen sind ausgelegt auf ein Spektrum von Persönlichkeits-Eigenarten, d. h., sie tolerieren die Vielfalt persönlicher Ausdrucks- und Umgangsformen in einem bestimmten Umfang und sanktionieren vor allem Extremvarianten. Diese werden je nach kultureller Verfasstheit dann auch mit spezifischen Namen belegt und in medizinischen Zusammenhängen als Persönlichkeitsstörungen bezeichnet.

Diese Etikettierung knüpft zwar an per se „normale" Persönlichkeitseigenschaften an, die aber Anlass zur krankheitswertigen Einordnung geben, wenn sie sich als unflexibel und wenig angepasst erweisen und die Alltagstauglichkeit der betroffenen Individuen beeinträchtigen oder aber zu subjektiven Beschwerden führen. Folglich muss im zwischenmenschlichen Austausch eine gegenseitige Aufnahmefähigkeit vorhanden sein. Wenn diese nicht existiert, ist die Erreichbarkeit durch den individuellen Anderen eingeschränkt, was ungünstig für den Immunisierungskontext Intimität ist.

Ihren prägnantesten Ausdruck findet das in der antisozialen Persönlichkeitskonfiguration, weil dabei ein geringes Einfühlungsvermögen in andere Personen besteht und dies einhergeht mit einer Missachtung sozialer Normen, Regeln und Verpflichtungen. Im Vordergrund stehen die eigenen Bedürfnisse und Wünsche, die Fähigkeit zur Selbstrücknahme ist sehr gering ausgeprägt. Hinzu kommen eine niedrige Schwelle für aggressives Verhalten, eine geringe Frustrationstoleranz sowie eine mangelnde Fähigkeit, aus Erfahrung zu lernen. Was sich hieran zeigen lässt, ist, dass es Persönlichkeitskonfigurationen gibt, in denen die Interaktionsgestaltung auf die Schaffung eigener Vorteile ausgerichtet ist und deshalb ein Zugang zu überindividuellen Gewinnerwartungen innerhalb einer Beziehung zu einem individuellen Anderen nur rudimentär besteht.

Gleichwohl kann dies in den gruppen- und systembezogenen Immunisierungskontexten sogar von Vorteil sein, was insbesondere auch für die narzisstische Persönlichkeitsverfasstheit gilt (vgl. Abschn. 4.2 und 4.3).

Kindheitstraumata
Wie die Ergebnisse empirischer Untersuchungen der „Nationalen Kohorte" („NaKo-Gesundheitsstudie") bestätigt haben, sind Kindheitstraumata mit einer erhöhten Wahrscheinlichkeit für zahlreiche somatische und psychische Erkrankungen im Erwachsenenalter assoziiert, insbesondere mit Herz-Kreislauf-, metabolischen und Atemwegs-Erkrankungen sowie affektiven und Angststörungen. Dabei ist die Diagnosewahrscheinlichkeit für Krebserkrankungen, Myokardinfarkt, Diabetes, Schlaganfall sowie chronisch obstruktive Lungenerkrankungen nach mindestens einem moderaten/schweren Kindheitstrauma um 10 bis 45 % höher und für Angst und Depressionen um 100 % höher (Klinger-König et al. 2024).

Unter dem Begriff Kindheitstrauma werden emotionaler, physischer und sexueller Missbrauch sowie emotionale und physische Vernachlässigung während Kindheit und Jugend subsumiert. In Deutschland berichten 20–30 % der Erwachsenen, mindestens eines dieser Kindheitstraumata erlebt zu haben. Auch wenn nicht gesagt werden kann, wie sich dies genau auf die Persönlichkeitsentwicklung auswirkt, ist zumindest davon auszugehen, dass das Vertrauen in das Gelingen von Beziehungen bei diesen Menschen beeinträchtigt sein kann und mit den zur Verfügung stehenden Mitteln der Persönlichkeit kompensiert werden muss, was je nach Persönlichkeitsverfasstheit besser oder schlechter gelingen kann.

Die Bedeutung von Traumata besteht u. a. darin, dass sie die Chancen schmälern können, Immunität durch Intimität zu erlangen, und dadurch zu einer erhöhten Vulnerabilität in kritischen Lebenssituationen beitragen. Dies ist besonders deutlich erkennbar an der posttraumatischen Belastungsstörung (PTBS), die nunmehr auch in der komplexen Form nach dem Klassifikationssystem der Weltgesundheitsorganisation (ICD-11; WHO 2018) als Störung diagnostiziert werden kann, nämlich dann, wenn sie sich besonders stark auf die Emotionsregulation und die Beziehungsgestaltung auswirkt.

> **Fallbericht**
> Die 20-jährige altersentsprechend wirkende Auszubildende stellte sich in der Hochschulambulanz für Sexualmedizin nach der kürzlichen Trennung von ihrem letzten Freund vor. Sie gab an, unter „Alpträumen und nächtlichen Angstattacken" zu leiden. Tagsüber sei sie massiv beeinträchtigt durch Erinnerungen an Gewalterlebnisse mit dem Stiefvater („wie er uns schlug, und wie er vor unseren Augen meine Mutter zusammenschlug, immer wieder"), die stattfanden, als sie 7 bis 10 Jahre alt war, bevor sie dann mit ihren jüngeren Brüdern „in ein Heim gekommen" wäre.

> Oft habe sie depressive Verstimmungen („ich ziehe mich dann zurück und finde mich hässlich und blöd") und fühle sich missverstanden. Darunter leide ihre berufliche Entwicklung, aber insbesondere auch ihre partnerschaftliche Beziehungsfähigkeit, wobei sie ständig entsprechende Interessenbekundungen erhalte und viel zu schnell sexuelle Kontakte eingehe, die sie noch nie erfüllend fand. Sie denke, diese müssten sein, um überhaupt für einen Mann interessant zu sein.

3.3 Sexualität

Alle Menschen unterscheiden sich voneinander. Sie weisen eine individuelle Ausstattung von Persönlichkeitseigenschaften auf (vgl. Abschn. 3.2). Auch wenn es viele Merkmale geben mag, die Menschen gemeinsam haben können (körperlich z. B. die Haarfarbe, kulturell z. B. Dialekte), liegt doch in jedem von ihnen eine individuelle Kombination vor, die ihn einzigartig macht. Dies betrifft ebenso die unterschiedlichen sexuellen Ansprechbarkeiten als einem Schlüsselelement menschlicher Sexualität.

Differenzen spielen hier insofern eine Rolle, als die sexuelle Erregung an die (gegebenenfalls fantasierte) Präsenz des entsprechenden Reizmusters der individuellen Präferenzstruktur gekoppelt ist. Bei einer sexuellen Ausrichtung auf das erwachsene Körperschema des weiblichen Geschlechts wäre die Erregungssteigerung also in Anwesenheit dieses Signals zu erwarten, nicht aber wenn eine sexuelle Ausrichtung auf das erwachsene Körperschema des männlichen Geschlechts vorliegt. Von einer Passung wäre auszugehen, wenn die sexuelle Präferenz der Beteiligten kompatibel wäre. Eine Person, die sexuell auf Frauen orientiert ist, würde aber nicht nur in der Verbindung zu einer Frau auf diese Kompatibilität hoffen können, sondern diese Frau müsste ihrerseits mit der anderen Person eine entsprechende Passung empfinden können.

Entscheidend ist also, dass die differente andere Person sich mit ihrer sexuellen Präferenzstruktur in der sexuellen Interaktion mit ihrem Gegenüber wiederfindet – und umgekehrt. Dies erschließt sich aber gerade nicht durch Äußerlichkeiten (etwa die erkannte Geschlechtszugehörigkeit), weil man daraus beispielsweise nicht auf die sexuelle Orientierung schließen kann, und hieraus auch nicht auf sexuelle Präferenzbesonderheiten (wie z. B. eine fetischistische Neigung), die möglicherweise zusätzlich eine Rolle spielen. Erforderlich ist vielmehr eine Öffnung gegenüber dem individuellen Anderen, dem man Aufschluss geben muss über die eigenen Wünsche und Bedürfnisse, was wiederum ein großes Maß an Vertrauen voraussetzt, dadurch aber zu einem Ausgangspunkt für syndyastische Erfüllung werden kann. Dies kann folglich nicht eintreten, wenn von vorneherein der andere – unabhängig von jeder Passung – zur eigenen Bedürfnisbefriedigung ‚genutzt' wird, auch im Rahmen von bezahlten Dienstleistungen.

Andererseits würde eine Passung begünstigt, wenn auf der Basis einer erfüllten personalen Beziehung partnerbezogen Wünsche erfüllt werden, auch wenn diese nicht Teil der eigenen sexuellen Präferenzstruktur sein mögen. Der Gewinn besteht darin, zum Glück des Anderen beitragen zu können, der dies wiederum in Anspruch zu nehmen in der Lage sein muss, ohne sich in der Pflicht zu sehen, dafür ‚Gegenleistungen' zu erbringen.

Die sexuelle Ausrichtung manifestiert sich beim Menschen während der Pubertät auf drei Achsen:

1) hinsichtlich des präferierten Geschlechts der begehrten Person (ausgerichtet auf das männliche Geschlecht, das weibliche Geschlecht oder auf beide Geschlechter),
2) hinsichtlich des präferierten körperlichen Entwicklungsalters der begehrten Person (kindliches, frühpubertäres, erwachsenes, greises Körperschema; Kombinationen möglich) und
3) hinsichtlich der präferierten Art und Weise der Interaktion mit der begehrten Person (von normkonform bis paraphil; Kombinationen möglich).

Dabei gilt, dass die endgültige Konstituierung der sexuellen Präferenzausrichtung im Jugendalter erfolgt und dann in ihren grundsätzlichen Merkmalen lebensüberdauernd bestehen bleibt und nicht mehr kategorial veränderbar ist.

Die individuelle Manifestation der sexuellen Präferenzstruktur auf den genannten drei Achsen entscheidet darüber, auf welche Reize jeder Einzelne sexuell ansprechbar ist, woraus sich das große Spektrum prinzipiell resultierender Möglichkeiten ergibt. Wichtig ist allerdings, dass mit dem individuellen Erregungsmuster die größte Intensität an Lustgewinn erreichbar ist, sodass hierdurch ganz wesentlich das sexuelle Erleben des Einzelnen bestimmt wird. Zugleich vermögen die von dem individuellen Muster abweichenden sexuellen Reizsignale keine vergleichbare Lustintensität zu entfalten – selbst, wenn dies von den Betreffenden möglicherweise sehnlich gewünscht wird. Ein Mann, der sexuell auf das weibliche Geschlecht (Achse 1), dabei auf die erwachsene Entwicklungsform (Achse 2) und in der Interaktion auf die Füße der Frau (Achse 3) orientiert ist, wird durch koitale Intimität mit einer Frau bei Weitem nicht den Lustgewinn erfahren wie in der Befassung mit ihren Füßen. Die individuell ausgeprägte Präferenzstruktur kann dabei (erheblich) von dem sexuellen Präferenzmuster der Partnerin abweichen (vgl. Beier et al. 2021).

Neurobiologisch bedeutet dies, dass nur bestimmte Signale beim einzelnen Menschen die Hirnzentren stimulieren, die sexuelle Erregung verschalten. Besteht beispielsweise bei einem Menschen eine sexuelle Ausrichtung auf erwachsene Männer, wird eine erwachsene Frau diese Signalwirkung nicht entfalten. Besteht eine Ausrichtung auf Mädchen mit einem kindlichen Körperschema, wird eine Frau mit einem erwachsenen Körperschema diese Signalwirkung auch nicht entfalten. Besteht eine Ausrichtung auf das weibliche Geschlecht, das erwachsene Körperschema und eine masochistische Neigung, also eine Besonderheit auf der Achse der Praktiken, wird eine Angehörige des weiblichen Geschlechts mit erwachsenem Körperschema, die aufgrund ihrer eigenen Präferenzstruktur kein Interesse an der Unterdrückung des Anderen hat, weitaus weniger sexuell erregende Anziehungskraft ausüben können als eine Frau, die authentisches sexuelles Interesse an der Ausübung von Dominanz aufweist.

Sexuelle Vielfalt
Die zahlreichen Kombinationsmöglichkeiten der drei Achsen der sexuellen Präferenzstruktur führen zu einer außerordentlichen Vielfalt von sexuellen Ansprechbarkeiten, die sich bei Menschen finden lassen (d. h. interindividuelle Variabilität), sich aber beim Einzelnen ab Abschluss der Pubertät als weitgehend stabil erweisen (d. h. intraindividuelle Stabilität), was auch für komplexe Ansprechbarkeiten gilt, welche die sexuelle Präferenz kennzeichnen (z. B. Kombination aus masochistischer und fetischistischer Ausrichtung).

Wie groß die interindividuelle Vielfalt sexueller Präferenzbesonderheiten bei Menschen ist, zeigt die Auswertung der *Berliner Männer-Studie* (BMS), welche zunächst eine repräsentative Auswahl von 6000 Männern im Alter zwischen 40 und 79 Jahren hinsichtlich des Vorliegens einer Erektionsstörung und der damit verbundenen Auswirkungen auf die Lebensqualität, die Gesundheit und die Partnerschaft untersuchte. An diesem ersten Teil der Erhebung nahmen 1915 Männer teil, welche hiernach zu einer ausführlichen sexualwissenschaftlichen Fragebogenerhebung unter Einbeziehung der (dann auch untersuchten) Partnerinnen eingeladen wurden. Die auf diese Weise entstandene Stichprobe umfasste 373 Männer, von denen 63 alleinstehend und 310 partnerschaftlich gebunden waren. Darüber hinaus war es möglich, Daten von 108 Partnerinnen zu erheben. Die Daten geben einen Eindruck von der möglichen Prävalenz von sexuellen Präferenzbesonderheiten in der Allgemeinbevölkerung, da diesbezüglich die häufigsten sexuellen Erregungsmuster hinsichtlich ihres Auftretens in den Sexualfantasien, bei der Masturbation (als Fantasieinhalte) und für das reale Sexualverhalten abgefragt wurden (vgl. Ahlers et al. 2011).

57,6 % der befragten Männer kannten sexuelle Präferenzbesonderheiten als Teil ihrer Fantasiewelt, 46,9 % nutzten diese zur Erregungssteigerung bei der Selbstbefriedigung und 43,9 % lebten sie auf der Verhaltensebene aus. Selbst wenn wegen der obligatorischen, nahezu unvermeidbaren Selektionseffekte eine Übertragung dieser Zahlen auf die Allgemeinbevölkerung unzulässig erscheint, ist doch eine Vorstellung über die mutmaßliche Verbreitung zu gewinnen, welche auch Umfang und Vielfalt entsprechender Angebote der pornografischen Industrie nachvollziehbarer macht (vgl. Tab. 3.1).

Auch bei den Frauen (also den in der *Berliner Männer-Studie* mit einbezogenen Partnerinnen) ist der Anteil derjenigen, die sexuelle Präferenzbesonderheiten in ihrer Fantasiewelt kennen, bemerkenswert hoch, wenngleich deutlich niedriger als bei den Männern. 27,8 % der befragten Frauen benannten diese Präferenzbesonderheiten als Teil ihrer Fantasiewelt, 23,1 % nutzten diese zur Erregungssteigerung bei der Selbstbefriedigung und ebenso viele lebten sie auf der Verhaltensebene aus (Tab. 3.2).

Zum einen weist dies auf geschlechtstypische Unterschiede bei der Ausbildung sexueller Präferenzbesonderheiten hin, zum anderen aber auch darauf, dass schon allein rechnerisch die Anzahl der vollständigen Passungen in sexuellen Beziehungen eher gering sein dürfte, was aber keinen Widerspruch zur dennoch möglichen syndyastischen Erfüllung darstellt.

Tab. 3.1 Häufigkeit sexueller Erregungsmuster bei Teilnehmern der Berliner Männer-Studie (BMS II, N = 373).

Erregungsmuster	Erlebnisebenen (%)		
	Sexualfantasien	Begleitfantasien bei der Selbstbefriedigung	Sexualverhalten
Nichtmenschliche Objekte (z. B. Stoffe oder Schuhe)	29,5	26,0	24,1
Tragen von Frauenkleidung	4,8	5,6	2,7
Gedemütigtwerden	15,5	13,4	12,1
Quälen anderer Personen	21,4	19,6	15,3
Heimliches Beobachten von Intimsituationen	34,3	24,1	17,7
Genitales Präsentieren gegenüber Fremden	3,5	3,2	2,1
Berühren fremder Personen in der Öffentlichkeit	13,1	7,0	6,4
Kindliche Körper	9,4	5,9	3,8
Sonstiges	6,2	6,2	4,6
Sexuelle Ansprechbarkeit auf mindestens ein Erregungsmuster	57,6	46,9	43,7

Tab. 3.2 Häufigkeit verschiedener sexueller Erregungsmuster bei Frauen. (Partnerinnen von Teilnehmern der Berliner Männer Studie; Teil 2, N = 108)

	Erlebnisebenen		
Erregungsmuster	Sexualfantasien %	Begleitfantasien bei der Selbstbefriedigung %	Sexualverhalten %
Nichtmenschliche Objekte (z. B. Stoffe)	13,9	13,0	12,0
Gedemütigtwerden	17,6	15,7	16,7
Quälen anderer Personen	7,4	5,6	6,5
Heimliches Beobachten von Intimsituationen	9,3	9,3	0,9
Genitales Präsentieren gegenüber Fremden	1,9	1,9	0,9
Berühren fremder Personen in der Öffentlichkeit	2,8	2,8	2,8
Kindliche Körper	1,9	2,8	0,9
Sonstiges	2,8	1,9	0,0
Sexuelle Ansprechbarkeit auf mindestens ein Erregungsmuster	27,8	23,1	23,1

Sexuelle Normen
Darüber hinaus sind beim Menschen die kulturellen Einflussfaktoren von maßgeblicher Bedeutung, da die Ausbildung der sexuellen Präferenzbesonderheiten kulturell mitbedingt sein muss, denn es gibt erwiesenermaßen sexuelle Präferenzen, die ohne die Kultur gar nicht denkbar wären, wie beispielsweise der Windelfetischismus: Eine Windel kann als Fetisch erst in dem Moment relevant werden, in dem eine Kultur diese als Saugkörper zur Aufnahme von Urin und Kot entwickelt hat.

Störungscharakter haben sexuelle Präferenzbesonderheiten dann, wenn die betroffenen Personen unter normabweichenden sexuellen Impulsen leiden. Demzufolge werden Personen, welche abweichende sexuelle Neigungen aufweisen, jedoch nicht unter diesen leiden, auch nicht als gestört, krank oder behandlungsbedürftig angesehen, solange sie weder andere noch sich selbst durch ihre abweichenden sexuellen Bedürfnisse beeinträchtigen oder gefährden.

In die Bedeutungszuweisung eingeschleust werden aber bei den Betroffenen die Präferenzbesonderheiten selbst, insbesondere, wenn befürchtet wird, dass man mit diesen beim Partner keine Akzeptanz finden wird, weil es vermeintlich nicht dem entspricht, wie man in der sexuellen Interaktion glaubt, sein zu sollen. Das wiederum führt dazu, dass die Betroffenen sich zwar danach sehnen, vom Anderen das Signal zu erhalten, so sein zu können, wie man wirklich ist, gleichzeitig aber befürchten, dies nicht zu bekommen. Dies verknüpft sich häufig mit Schuldgefühlen aufgrund der Annahme, das nicht geben zu können, was der Andere (vermeintlich) wünscht und auch erhalten sollte. Die fehlende Kommunikation zwischen den Partnern bildet dann meist den Ausgangspunkt für beidseitige Unzufriedenheit in der Beziehung.

Die sexuelle Präferenzstruktur sorgt durch ihre große interindividuelle Vielfalt für das Aufeinandertreffen höchst differenter Menschen, die aber aus unterschiedlichen Gründen Sorge haben können, ihre diesbezüglichen Besonderheiten gegenüber einem individuellen Anderen (vgl. Abschn. 4.1) zu vermitteln. Dadurch bleibt in sehr vielen Fällen diese unmittelbare Akzeptanz, nämlich der Annahme dessen, wie sie wirklich sind, versagt oder sie befürchten, dass sie ihnen versagt bleiben wird. Dass folglich die körpersprachliche Kommunikation beeinträchtigt wird, wie viele Betroffene berichten, lässt sich leicht nachvollziehen. Außerdem besteht das Risiko, durch die nicht erfolgende Öffnung gegenüber dem individuellen Anderen sich nicht als ganze Person zu präsentieren, was ja die Voraussetzung für die stets angestrebte syndyasische Erfüllung wäre.

> **Fallbericht**
> Erstmalig stellte sich der erfolgreiche Geschäftsmann im Alter von 32 Jahren vor und beklagte stets auftretende Erektionsstörungen bei verschiedentlichen Versuchen, sexuelle Beziehungen zu Frauen aufzunehmen (primäre situative Erektionsstörung). In den Begleitfantasien bei der Masturbation traten ausschließlich masochistische Inhalte auf, insbesondere Frauen, die in hochhackigen Schuhen über seinen Körper liefen und ihn verbal demütigten. Dies sei seit der Pubertät so, wobei er erinnerte, bereits als 10-Jähriger im Kontakt mit einer sehr strengen Lehrerin ein „merkwürdiges Erregungsgefühl" gespürt zu haben. Er bezweifelte selbst, dass sich die sexuelle Präferenzbesonderheit ändern ließe, war aber sehr besorgt über die fehlenden Möglichkeiten einer partnerschaftlichen Verwirklichung, die er mithilfe von erektionsfördernden Medikamenten verbessern wollte. Ihm wurde dargelegt, dass das eine Option sei, die mit einer Partnerin zu besprechen wäre und er gegebenenfalls hierfür gern einen Termin erhalte.
> 4 Jahre später erschien der noch erfolgreichere Geschäftsmann und berichtete, nun eine Bankangestellte kennengelernt zu haben, in die er sehr verliebt sei, aber, wie stets, in der sexuellen Begegnung Erektionsstörungen auftreten würden. Ihm wurde erneut nahegelegt, dieser Frau seine Problematik zu eröffnen, die das als Vertrauensbeweis werten würde und weiter Interesse an

3 Differenz – Was unterscheidet uns?

einer Partnerschaft hätte, wenn die personale Beziehungsebene stimme. Zwei Monate später teilte der Patient mit, dass die Annahme des Therapeuten korrekt gewesen sei und sich jetzt tatsächlich eine Beziehung etabliert habe, in der gelegentlich auch Geschlechtsverkehr möglich sei, wobei die „Reibung des Penis in der Scheide" die eigentliche Stimulation darstelle, die fernab von seinen Fantasieinhalten ein rein körperliches Geschehen darstelle und er nicht in Betracht ziehe, seine masochistischen Fantasieinhalte beim Verkehr mit seiner Freundin aufzurufen, da er sich dann ja „von ihr entferne". Er bedankte sich dafür, dass sehr viel erreicht sei – mehr als er erwartet hätte –, und gab seiner Hoffnung Ausdruck, dass sich diese Beziehung nun aufrechterhalten lassen werde.

Fünf Jahre später stellte sich der weiterhin höchst erfolgreiche Geschäftsmann wieder vor und berichtete von einer gelungenen Beziehung mit seiner Partnerin. Sie hätten ein zwei Jahre altes Kind, derzeit sei seine Frau wieder schwanger. Geschlechtsverkehr habe aber sehr selten stattgefunden und meist auch nicht mit orgasmischem Abschluss seinerseits. Mittlerweile sei die Frau frustriert, weil sie nicht den Eindruck habe, dass er sich wirklich sexuell für sie interessiere, was stimme: Die Befassung mit ihrem Körper löse in ihm keinerlei Erregung aus, sondern eben nur die Vorstellung, dass eine anonyme Frau mit „Stilettos" über seinen Körper laufe. Dies wisse seine Partnerin zwar und sei auch darüber informiert, dass er entsprechende Bildmaterialien nutze, um sexuelle Erregung herbeizuführen, sei jedoch gleichwohl zunehmend frustriert und fühle sich bei seinen Versuchen, sie sexuell zu stimulieren, nicht gemeint. Er müsse einräumen, dass dies zutreffend sei, weil bei ihm keine Erregung auftrete und er deshalb diese Versuche als ungeeignet wahrnehme. Durch den selten intravaginalen aufgetretenen Orgasmus hätten sie im Übrigen als Strategie zur Verwirklichung des Kinderwunsches das Vorgehen gewählt, dass er zu seinen Fantasien masturbiert und ihr dann das Sperma übergibt, das sie bei sich einführte. In Anbetracht eines regelmäßigen Zyklus unter Errechnung der fruchtbaren Tage habe sich diese Methode als zielführend erwiesen. Dem Patienten wurde dargelegt, dass bei einer guten personalen Ebene die Herbeiführung von Erregung beim Anderen mit Gewinn verbunden sein müsste, da ja ein Interesse an der Zufriedenheit und des Glücks des Anderen bestünde. Dies bejahte er und nahm sich vor, der Ehefrau mehr Gelegenheit zu geben, an seiner sexuellen Erregung teilzuhaben, die er durch Aufrufung seiner Fantasien leicht herstellen konnte. So sah er es als Möglichkeit an, dass sie ihn stimulierte, während er bewusst seine speziellen Fantasien aufrufen würde, und verstand den bei ihr liegenden Gewinn ebenfalls auf der Beziehungsebene, was es ihm erleichterte, dies in Anspruch zu nehmen. In einem Paargespräch bestätigte die aufgeschlossene und ihrem Mann sehr zugewandte Ehefrau, hierin einen richtigen Weg zu sehen, von dem sie glaube, dass er sie zusammenführe, während er sich bedankte, dass der Therapeut seine spezielle Neigung nicht als „schlecht und veränderungsbedürftig" eingeschätzt habe, sondern als Identitätsmerkmal stets respektiert habe.

Gegebenenfalls kann sogar eine „Störung der sexuellen Identität" resultieren, worunter eine kontinuierlich bestehende, tiefgreifende Verunsicherung bezüglich der eigenen männlichen oder weiblichen Qualität als Sexualpartner verstanden wird. Aufgrund der Manifestation paraphiler Impulsmuster in der Jugend und ihrer Unveränderbarkeit über das weitere Leben ist es erforderlich, dass die Betroffenen sich im Rahmen ihrer sexuellen Identitätsentwicklung mit diesen inneren Erlebensanteilen „arrangieren" müssen und dadurch mehr oder weniger stark mit Selbstzweifeln konfrontiert sein können. Diese resultieren nicht zuletzt aus der Frage, ob ein Partner/eine Partnerin sie wirklich vollkommen akzeptieren würde, wenn auch nur die Inhalte der sexuellen Fantasien bekannt wären – also selbst dann, wenn deren Verwirklichung (mit einem Partner) gar nicht intendiert wäre. Diese Verunsicherung tangiert so stark den Wunsch nach Akzeptanz und damit die Grundbedürfnisse („Kann ich beim Anderen wirklich Annahme finden?"), dass Beziehungen nur schwer geknüpft werden oder aber bestehende Partnerschaften riskiert sind: zum einen aus Unkenntnis über den Verlauf einer paraphilen Neigung (geht diese zurück, bleibt sie so oder weitet sie sich noch aus?) oder aber durch ein jahrelanges Versteckspielen innerhalb der Partnerschaft (Abschirmen der paraphilen Erlebnisanteile), welches dann zu umso größerem Vertrauensverlust führt, wenn die Neigung durch andere Umstände bekannt wird (zunehmend häufiger durch Aufdecken entsprechender Internetaktivitäten).

Sexuelle Minoritäten
Die menschenspezifische Fähigkeit zur Selbstreflexion und Bewertung führt in vielen Fällen dazu, dass gegebenenfalls bestehende Präferenzbesonderheiten als konflikthaft bewertet werden, weil die Abweichung zum kollektiven Anderen als zu groß und gegebenenfalls unüberbrückbar angesehen wird. Darüber hinaus können die Regularien des institutionellen Anderen (vgl. Abschn. 3.3) eine Sanktionierung vorsehen, beispielsweise bezogen auf die gleichgeschlechtliche Orientierung, die als Normvariante menschlicher Sexualität anzusehen ist und bei ca. 3–5 % der Menschen – mithin einer Minorität – auftritt. Kulturübergreifend sind die Beispiele für eine Entwertung gleichgeschlechtlich orientierter Menschen, die in manchen Kulturkreisen sogar mit dem Tode bedroht sein können. Dann wirkt das Differente so bedrohlich, dass es eliminiert werden muss.

Dies ist ein besonders eklatantes Beispiel dafür, wie die kognitiven Fähigkeiten des Menschen mit ihren Bedeutungszuweisungen die Verwirklichung einer intimen Verbindung und damit einer Erfüllung der existenziellen Grundbedürfnisse und eines Zuwachses an Immunität einengen oder sogar vollständig verhindern – mit den entsprechenden Auswirkungen auf die Lebenszufriedenheit der Betroffenen. Denn deren Suche nach syndyastischer Erfüllung und absichernder Immunität lässt sich nicht beenden, sondern wird im Verborgenen in Angst und Anspannung stattfinden.

Dabei gibt es nachweislich sozial organisierte Säugetiere, die gleichgeschlechtlich orientiert sind und trotz des offenkundig vom Durchschnitt abweichenden Verhaltens nicht ausgegrenzt werden – eben, weil die anderen Artangehörigen keine Bewertungen vornehmen (können). Dies ist besonders gut bei Schafen untersucht, bei denen ca. 5–8 % der Schafböcke lebenslang eine sexuelle Orientierung auf das gleiche Geschlecht zeigen und sexuelle Interessen ausschließlich an Schafböcken, aber nicht an weiblichen Schafen haben (Roselli et al. 2004).

Für die Relevanz des körperlichen Entwicklungsalters hinsichtlich der oben genannten zweiten Achse der sexuellen Präferenzstruktur (d. h. körperliches Entwicklungsalter des präferierten Partners) existieren inzwischen vielfältige Belege (Banse et al. 2010; Freund et al. 1972; Ponseti et al. 2012). Zumeist ist das körperliche Entwicklungsalter des präferierten Partners durch die ausgereiften sekundären Geschlechtsmerkmale eines Erwachsenen gekennzeichnet. Die sexuelle Präferenz für das erwachsene, voll ausgebildete Körperschema wird als Teleiophilie (griech. *teleos* – vollkommen, erwachsen) bezeichnet (Blanchard et al. 2000). Daneben findet sich besonders unter Männern auch eine sexuelle Ansprechbarkeit für das nicht oder nicht voll geschlechtsreife Entwicklungsalter. Seit Krafft-Ebing (1886) wird eine solche Sexualpräferenz als Pädophilie bezeichnet (griech. *pais* – das Kind). Die sexuelle Präferenz für das frühpubertäre Körperschema ist von Glueck (1955) mit dem Begriff Hebephilie gefasst worden (nach der griechischen Göttin der Jugend Hebe). Das sexuell präferierte körperliche Entwicklungsalter ist dabei geprägt vom Übergang zwischen dem kindlichen und dem erwachsenen Körperschema, repräsentiert in der Entwicklung der sekundären Geschlechtsmerkmale entsprechend den Tanner-Stadien 2 und 3 (die Tanner-Stadien reichen von 1 = kindlicher Entwicklungsstatus bis 5 = erwachsener Entwicklungsstatus, siehe Abb. 3.1). Kennzeichnend für diesen Übergang ist beim Mädchen die einsetzende Brustentwicklung durch die leichte Vorwölbung des Drüsengewebes im Bereich des Warzenvorhofs (sog. Brustknospe; Thelarche). Die beginnende Genitalentwicklung kennzeichnet eine erste Schambehaarung in Form spärlicher, leicht pigmentierter Haare an den großen Schamlippen

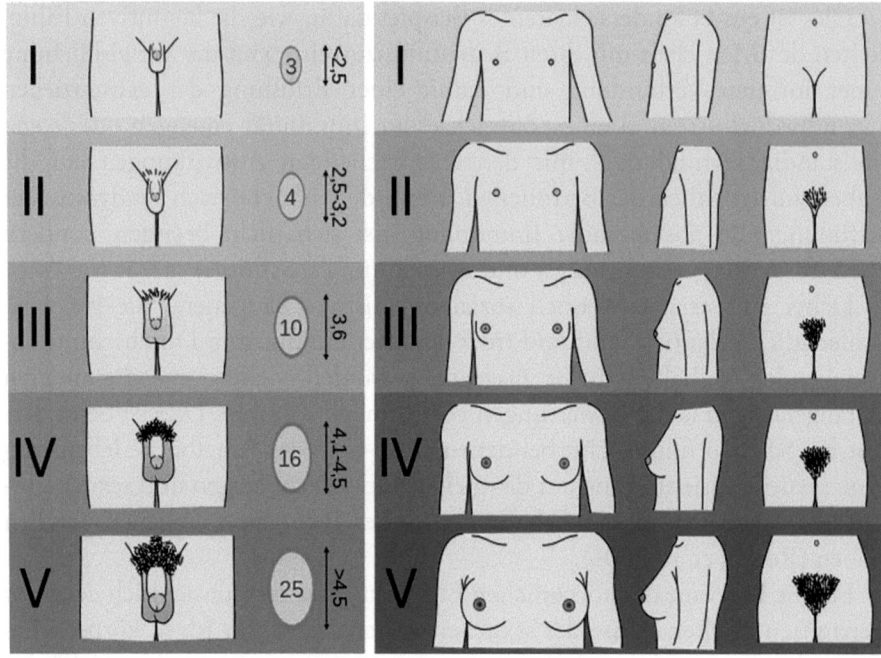

Abb. 3.1 Tanner-Stadien beim männlichen und weiblichen Geschlecht

bzw. an der Peniswurzel (Pubarche) bei keinem oder geringem Größenwachstum des Penis und der Schamlippen.

Abzugrenzen ist der Begriff der Hebephilie von denen der Ephebophilie (griech. *ephebos* – Jüngling, junger Mann) und Parthenophile (griech. *parthenos* – Jungfrau). Beide fassen die sexuelle Präferenz für entsprechend männliche und weibliche Jugendliche im frühen Erwachsenenalter mit spätpubertärem Körperschema (Tanner-Stadium 4 und 5) und sind insofern Unterformen der Teleiophilie.

Eine differenzierte Erfassung pädophiler, hebephiler oder teleiophiler Ansprechbarkeiten ist sowohl phallometrisch möglich (vgl. Blanchard et al. 2009) als auch durch eine adäquate Exploration der Fantasieebene, welche bei auskunftsbereiten Betroffenen eine exakte Ermittlung selbst der Mischbilder ermöglicht (vgl. Beier et al. 2013).

Zudem ist davon auszugehen, dass sich die pädophile Sexualpräferenz während der Pubertät manifestiert und hiernach eine hohe Stabilität aufweist, d. h. die sexuelle Erregbarkeit bis zum Erregungshöhepunkt biografisch überdauernd an ein kindliches Körperschema als entscheidendem Stimulus gebunden bleibt. Dies lässt sich durch Eigenberichte Betroffener aus den in Deutschland etablierten primärpräventiven Therapieangeboten für Menschen mit pädophiler Neigung empirisch unterlegen (vgl. Grundmann et al. 2016), wobei entsprechende Angaben sowohl von Erwachsenen als auch von Jugendlichen vorliegen, die am Institut für Sexualwissenschaft und Sexualmedizin der Charité – Universitätsmedizin Berlin seit dem Jahr 2005 (Erwachsene) bzw. 2014 (Jugendliche) Hilfen erhalten, um ihr Verhalten sicher zu kontrollieren und psychische Symptome der Stigmatisierung zu verringern (Beier 2018).

Dabei sind die Ängste vor sozialer Ausgrenzung von Menschen mit pädophiler Sexualpräferenz mehr als berechtigt, und mutmaßlich bilden sie sogar die am stärksten stigmatisierte Minorität. Dies gilt auch dann, wenn die Betroffenen sich bezogen auf ihr sexuelles Interesse nichts haben zuschulden kommen lassen und verhaltensabstinent leben. Während beispielsweise ein alkoholabhängiger Mensch, der keinen Alkohol mehr zu sich nimmt, dafür eher mit der Anerkennung seines sozialen Umfeldes rechnen kann, wäre es für einen Menschen mit pädophiler Sexualpräferenz, selbst wenn er keinerlei strafbewehrte Handlungen begangen hat, verheerend, wenn in der Nachbarschaft seine Neigung bekannt würde, und einer sozialen Erledigung gleichkommen.

In einer Fußgängerbefragung wurde erfasst, inwieweit sich die Befragten vorstellen könnten, mit Menschen, die sexuell an Kindern interessiert sind, aber noch nie eine Straftat begangen haben, befreundet zu sein, in einem nachbarschaftlichen oder kollegialen Verhältnis zu stehen, sich mit ihnen zu unterhalten, oder ob diese besser eingesperrt oder tot sein sollten. Während fast 40 % meinten, dass Einsperren das Richtige wäre, konnten sich nur ca. 10 % diese als Nachbarn vorstellen (Jahnke et al. 2015). Bemerkenswerterweise haben andere – selbst stigmatisierte – Minoritäten vergleichbare Vorbehalte gegenüber Menschen mit pädophiler Sexualpräferenz und wollen möglichst nichts mit ihnen zu tun haben.

Der Leidensdruck bei Menschen mit pädophiler Sexualpräferenz ist dabei mit hoher Wahrscheinlichkeit unabhängig von gesellschaftlichen Normen gegeben, da ein sexuelles Interesse an Kindern und damit verknüpfte Fantasietätigkeit im Sinne der Durchführung sexueller Handlungen mit Kindern im Widerspruch steht zu dem evolutiv angelegten Bindungsprogramm, das auf Fürsorge gegenüber nachwachsenden Generationen ausgerichtet ist. Das „Kindchenschema" funktioniert (sogar artübergreifend) bei Menschen unabhängig von ihrer Geschlechtszugehörigkeit und ihrer sexuellen Ausrichtung. Dies ist nicht so einfach konfliktfrei zu überspringen.

So haben die Bonobos zwar intime Kontakte mit Jüngeren, die aber niemals mit Erregungshöhepunkten in der Interaktion mit nichtgeschlechtsreifen Artangehörigen einhergehen. Ganz offensichtlich funktioniert bei ihnen der evolutiv angelegte Mechanismus, da ja körperlicher Kontakt schutzbietend ist, beim Menschen aber mit sexuellen Bedürfnissen überlagert werden kann, weil nur der Mensch durch die Erfassung der Zeit-Dimension sich gedanklich damit zu befassen vermag und dies entsprechend tut. Die Bonobos denken nicht darüber nach, wo sie am besten den nächsten Orgasmus erleben können, weil ihnen dazu die kognitiven Fähigkeiten fehlen. Ein Mensch mit pädophiler Sexualpräferenz denkt über sexuelle Kontakte mit Kindern nach, was ihn in Konflikt bringt mit den ebenfalls in ihm angelegten Fürsorgeimpulsen gegenüber Schutzbedürftigen.

> **Fallbericht**
>
> Der 47-jährige Facharbeiter berichtet, seit seiner Jugend von einer sexuellen Ansprechbarkeit für vorpubertäre und frühpubertäre Mädchen zu wissen, die stärker ausgeprägt sei als sein Interesse für erwachsene Frauen. Gleichwohl habe er eine Ehe geführt, die jetzt geschieden sei. Aus dieser stamme eine 10-jährige Tochter, für die er alleinerziehend zuständig sei, weil die Mutter aufgrund von Alkoholproblemen in ihrer Erziehungsfähigkeit eingeschränkt sei, was auch das Jugendamt so sehe. Dieses wisse allerdings nicht, dass er regelmäßig Missbrauchsabbildungen nutze, die Mädchen im Alter seiner Tochter betreffen, die darauf in sexuellen (einschließlich penetrativen) Handlungen mit erwachsenen Männern zu sehen seien, was ihn sehr errege, wofür er sich hasse. Niemals würde er seiner Tochter etwas antun – eher sich selber umbringen. Er gelte überall als vorbildlicher Vater – die Tochter sei für ihn der Lebensinhalt. Er könne nicht verstehen, warum er bei so ausgeprägten liebevollen fürsorglichen Empfindungen für seine Tochter solche „schrecklichen Fantasien" habe, und würde alles darum geben, diese „für immer los zu werden".

Sexuelles Verhalten
Bezüglich der menschlichen Sexualität ist eine Differenzierung zwischen sexuellen Fantasien (als Ausdruck der sexuellen Präferenzstruktur) und sexuellem Verhalten unabdingbar. Beides kann in Übereinstimmung stehen, muss es aber keineswegs. Ein sexuell auf Männer orientierter Mann kann auf der Verhaltensebene dennoch Sexualkontakte mit Frauen haben, obschon sie seiner sexuellen Präferenz nicht entsprechen und in seinen Begleitfantasien bei der Selbstbefriedigung nicht vorkommen.

Gleiches gilt für sexuelle Kontakte mit Kindern: Diese können Ausdruck einer pädophilen Neigung sein, müssen es jedoch nicht. Darüber hinaus kommt es auch bei Vorliegen einer Pädophilie keineswegs immer zu sexuellen Übergriffen auf Kinder. Unterschieden werden muss also zwischen sexuellen Präferenzstörungen und sexuellen Verhaltensstörungen – wobei allerdings

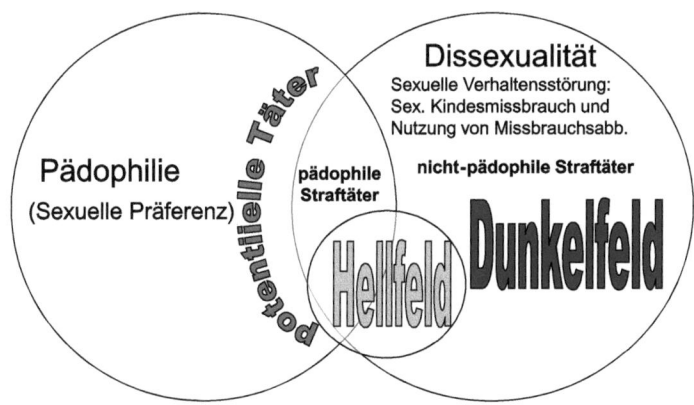

Dunkelfeld: nicht-justizbekannte Fälle; Hellfeld: justizbekannte Fälle

Abb. 3.2 Pädophilie und sexueller Kindesmissbrauch

beides zusammenfallen kann. Das dann primäre Problem ist die Störung des sexuellen Verhaltens, nämlich konkrete Handlungen, die anderen Menschen Schaden zufügen (Abb. 3.2).

Grundsätzlich bringt sexuelles Fehlverhalten eine gestörte soziale Dimension von Sexualität zum Ausdruck, für die sich zur moralisch neutralen Kennzeichnung der Begriff *Dissexualität* anbietet. Dies bezeichnet ein „sich im Sexuellen ausdrückendes Sozialversagen" und benennt, dass ein zeitlich und soziokulturell bedingtes, damit veränderliches durchschnittlich erwartbares Partnerinteresse verfehlt wird (Beier 1995). Die sprachliche Analogie zum Begriff der Dissozialität als einem „fortgesetzten und allgemeinen Sozialversagen" (Hartmann 1970; Rauchfleisch 1981) ist beabsichtigt: Dissexualität und Dissozialität können sich überlappen (indem dissexuelle Verhaltensweisen, wie z. B. Vergewaltigung, Teil der Dissozialität sind), aber auch für sich alleine stehen.

Mit dem Begriff der Dissexualität sind hingegen diejenigen Handlungen gemeint, welche durch den sexuellen Übergriff die Integrität und Individualität eines anderen Menschen direkt verletzen. Da überdies für diese Handlungen keine Zustimmung des Betroffenen vom Täter vorausgesetzt werden kann, bringen sie ein Verfehlen der kollektiven Partnererwartungen zum Ausdruck – und das ist die soziale Beeinträchtigung. Die mögliche Strafbarkeit dieser Handlungen ist dabei sekundär, weil der angerichtete Schaden davon unabhängig bei den Opfern eintritt und ihr Vertrauen in das Gelingen von intimer Intersubjektivität betrifft – mit entsprechenden Folgen für ihre Zuversicht in die Erfüllung der Grundbedürfnisse nach Nähe, Sicherheit und Geborgenheit und die angestrebte Steigerung ihrer Immunität.

Sexuelle Traumata

Was den Menschen von den nichtmenschlichen Primaten und anderen sozial organisierten Säugetieren deutlich abhebt, ist das Ausmaß der sexuellen Traumatisierung, die insbesondere Kinder und Frauen betrifft.

Datengestützten Analysen zufolge ist davon auszugehen, dass zwischen 10–20 % der Kinder weltweit Opfer von sexuellen Traumatisierungen werden und ein mindestens ebenso hoher Anteil körperliche Misshandlungen erlebt hat – nicht selten haben sie sogar beides zu verarbeiten. Unabhängig von dem motivationalen Hintergrund des Täters wäre es naiv anzunehmen, dass diese Erlebnisse für die Opfer keine Auswirkungen auf die Ausgestaltung ihrer Bindungen haben sollten.

Ausgehend von der Häufigkeit sexuellen Kindesmissbrauchs und körperlicher Misshandlungen, ist daher von einer großen Anzahl beeinträchtigter Bindungserfahrungen im späteren Leben der Opfer auszugehen. Außerdem schließt dies auf der körperlichen Ebene für die Opfer Schädigungen des zentralen Nervensystems ein, die nicht nur das sexuelle Erleben beeinträchtigen, z. B. durch eine verminderte Dicke des Gehirnareals, welches die Genitalien sensorisch verschaltet (Heim et al. 2013), sowie eine geringere Konzentration von Oxytocin in der Rückenmarksflüssigkeit (Heim et al. 2009), sondern mit einer höheren Wahrscheinlichkeit zur Ausbildung psychischer und körperlicher Erkrankungen (wie z. B. Depressionen, Herz-Kreislauf- oder Stoffwechselerkrankungen) führen (Klinger-König et al. 2024). Dies könnte zusammenhängen mit epigenetischen Einflussfaktoren, die aus Missbrauchserfahrungen resultieren, indem der mit diesen Traumatisierungen verbundene Stress zu veränderten immunologischen und Neurotransmitter-Funktionen führen kann. Zudem verdichten sich Hinweise auf eine Weitergabe an die jeweils nächste Generation: So haben sexuell traumatisierte oder körperlich misshandelte Mädchen weitaus mehr Probleme, wenn sie als Erwachsene gegenüber eigenen Kindern Erziehungsverantwortung übernehmen als nichttraumatisierte Vergleichspersonen (Kwako et al. 2010).

Die aus einem erlebten sexuellen Missbrauch resultierenden Konsequenzen stellen also eine zumeist hochgradige zusätzliche Belastung des betroffenen Kindes oder Jugendlichen dar, teils über die gesamte weitere Lebensspanne (Leeb et al. 2011). Darüber hinaus wirken sie sich auch auf die Gesellschaft als Ganzes aus. So belaufen sich beispielsweise die durch Traumafolgestörungen nach Kindesmisshandlung/-missbrauch bzw. Vernachlässigung entstehenden gesamtgesellschaftlichen Kosten in Deutschland auf einen grob geschätzten Betrag von 11 Mrd. € jährlich (Habetha et al. 2012).

Dabei unberücksichtigt sind die sogenannten intangiblen Kosten, welche die Auswirkungen auf die Lebensqualität beziffern sollen, was sich aber kaum in Geld ausdrücken lässt. Bei vielen Opfern sexueller Gewalt ist aber gerade das Vertrauen in das Gelingen von Beziehungen erschüttert, also in jene unmittelbar die Lebenszufriedenheit betreffende Erlebnisdimension menschlicher Sexualität, was die Ausbildung von sexuellen Beeinträchtigungen und Beziehungsstörungen begünstigen kann (vgl. Berthelot et al. 2014). Dies wiederum macht die Schwierigkeiten Betroffener in ihrer partnerschaftlichen und familiären Verwirklichung verständlich – umfasst also alle drei Dimensionen der Sexualität (Beziehung, Lust und Fortpflanzung). Sie sind in ihrer zwangsläufig erfolgenden Suche nach der Erfüllung ihrer existenziellen Grundbedürfnisse traumatisiert, indem sie das Gegenteil erfahren haben von dem, was sie erfahren möchten, nämlich Wertschätzung und Akzeptanz sowie Sicherheit und Geborgenheit zu erhalten – mithin Immunität zu erlangen. Durch die sexuellen Handlungen wurde das Gegenteil bewirkt: Ihre Intimsphäre wurde verletzt und (vorhandene) Immunität aufgehoben.

Fallbericht

Die 18-jährige Gymnasiastin kam gleich gemeinsam mit ihrem Freund, einem 20-jährigen Auszubildenden, mit dem sie seit einem Jahr zusammen sei und sich sehr gut aufgehoben fühle („verstehen uns blendend"). Sie habe allerdings stets Schmerzen beim Geschlechtsverkehr („beim Eindringen des Gliedes tut es weh", „werde nicht feucht", „es tut sich nichts") – bisher habe sie keinen Orgasmus erleben können, auch nicht durch Masturbation („schmerzt auch"). Der Freund zeigte sich besorgt („Sie hat nichts davon"), was ihr „unangenehm" sei. Es war bereits im Erstgespräch thematisierbar, dass sie als 10-Jährige vom damaligen Freund der Mutter mehrfach sexuell missbraucht wurde (musste diesen manuell oder oral stimulieren), der ihr auferlegte, „das niemandem zu erzählen": Er werde sonst die Mutter verlassen und sich finanziell nicht mehr um die Familie kümmern. Im Übrigen werde ihr sowieso niemand glauben. Mittlerweile ist die Mutter von diesem Mann getrennt, habe aber bisher jeden Versuch eines Gespräches über diese Vorfälle abgeblockt.

In der Innenverarbeitung wird dies dadurch ersichtlich, dass die Geschädigten das Erlebte nicht selten zu ihrem Nachteil bewerten, z. B. durch die häufig vorkommenden Selbst-Schuldzuweisungen, die einer Überwindung des Traumas entgegenstehen. Es gibt zudem auch kulturelle Einflüsse, die sich hinderlich für eine Aufarbeitung des Traumas auswirken. So wird in Indien der sexuelle Missbrauch eines kindlichen Angehörigen ganz bewusst verschwiegen und das Kind erhält in der Regel keine Hilfe für die Aufarbeitung. Als Grund wird benannt, dass die Heiratschancen insbesondere der Mädchen verschwindend gering seien, wenn öffentlich bekannt würde, dass sie sexuell missbraucht worden sind. In hiesiger Lesart: Die im Immunitätskontext Intimität geopferte Immunität wird versucht, im Immunisierungskontext Gruppe (vgl. Abschn. 4.2) aufrechtzuerhalten.

In Anbetracht der hohen Opferzahlen mit einer Häufigkeit von mehr als 20 % der Kinder in Indien lässt sich in etwa abschätzen, in welchem Ausmaß erhebliche Teile der Bevölkerung in ihrer Suche nach syndyastischer Erfüllung ab der Kindheit beeinträchtigt sind und dadurch von vorneherein mit geringeren Chancen auf eine hohe Lebenszufriedenheit ausgestattet sind.

Eine erhöhte Wahrscheinlichkeit, zum Opfer von Gewalthandlungen zu werden, resultiert darüber hinaus aus dem Umstand, eine gleichgeschlechtliche sexuelle Orientierung aufzuweisen, wobei es weiterhin Rechtsverfassungen gibt, die diese sexuelle Identitätsform kriminalisieren.

3.4 Reproduktivität

Die reproduktiven Anteile von Geschlechtlichkeit sind evolutiv gesehen die ältesten und hinsichtlich des Überlebens einer Spezies die wichtigsten. Wenn keine Nachkommenschaft mehr erzeugt werden würde, wäre das Ende einer Art besiegelt und damit auch Individualität nicht mehr möglich. Gerade aufgrund dieser existenziellen Bedeutung der Fortpflanzung ist ihre robuste biologische Verankerung wenig überraschend. Für die menschliche Spezies ist aber gleichzeitig zu erwarten, dass soziokulturelle Mechanismen in hohem Maße Aspekte der Reproduktion beeinflussen und je nach kultureller Beschaffenheit unterschiedliche Strategien erkennbar werden, die das Erzeugen von Nachwuchs fördern sollen. Dies ist bedingt durch die kognitiven Fähigkeiten: Menschen erkennen nicht nur die Zusammenhänge zwischen sexueller Interaktion und dem Eintreten einer Schwangerschaft, sondern sind zudem in der Lage, dies in zeitlicher Perspektive einzuordnen, weil sie die Zeit-Dimension erfassen können. Darüber hinaus gibt es biologische Unterschiede in der Zeugungsfähigkeit der Individuen und eben psychosoziale Faktoren, welche diese zusätzlich beeinflussen.

Der *Kinderwunsch* ist in dem Zusammenhang eine ausschließlich bei Menschen vorkommende Eigenschaft, die bei den nichtmenschlichen Primaten nicht anzutreffen ist. Gleiches gilt für die Befassung mit Schwangerschaft und

Geburt sowie Erziehungsfragen, die der Mensch mit erheblichem zeitlichen Vorlauf in seine Vorstellungen integriert und entsprechend fortlaufend überprüft, ob seine Erwartungen eintreffen. Hinzu kommen Rückmeldungen aus dem sozialen Umfeld und institutionelle Regelungen – vom Kindergeld bis zum Umgangs- und Erbschaftsrecht.

Dies alles ist belanglos für Bonobos: Sie machen sich keine Gedanken über Schwangerschaft, Geburt, Erziehung – weil sie es aufgrund der fehlenden kognitiven Fähigkeiten nicht können. Sie haben keinen Kinderwunsch, sondern werden schwanger, gebären und kümmern sich um den Nachwuchs, ohne dies zu reflektieren. Dies gilt auch für Fehlgeburten, die sie haben, aber nicht bewerten.

Die Fortpflanzungsdimension nimmt bezüglich des syndyastischen bzw. immunitätsstärkenden Begehrens eine Sonderstellung ein: Unabhängig von den bestehenden technischen Möglichkeiten der Reproduktionsmedizin, soll der individuelle Andere Akzeptanz für den eigenen Fortpflanzungswunsch aufbringen, indem er ihn möglichst rückhaltlos teilt. Folglich wird jede Äußerung diesbezüglicher Bedenken – und sei es auch nur eine temporäre Unentschiedenheit – als Ablehnung der eigenen Person und somit als syndyastisch frustrierend wahrgenommen. Darüber hinaus besteht eine sehr starke Koppelung an kompensierende Immunisierungskontexte (Anerkennung in Gruppen oder Systemen; vgl. Kap. 4), in denen dieser Wunsch genauso mitgeteilt wird, wie Berichte über alle nachfolgenden Stadien der Reproduktion (Schwangerschaft, Geburt, Erziehung etc.) erfolgen. Abgesehen davon, dass Schwangerschaft und Elternschaft für Außenstehende erkennbare Zustände sind, halten sowohl das Kollektiv als auch das System spezifische Angebote bereit, die Fürsorge und Verantwortungsübernahme erkennen lassen. Nicht selten sind diese gesetzlich vorgeschrieben, etwa durch Mutterschutz und Elternzeit, die schon dadurch immunitätssteigernde Funktionen haben können bzw. sollten, weil sie den Schutz der Gesellschaft signalisieren.

Tatsächlich hat die Schwangere ein besonders starkes Interesse an der Erfüllung ihrer existenziellen Grundbedürfnisse, weil sie ja sowohl körperlich Einschränkungen bewältigen muss als auch psychosozial ihren Zustand als werdende Mutter und später als erziehende Mutter wertgeschätzt wissen möchte: Sie möchte also genau die richtige, nicht austauschbare Person für den Anderen sein, mit dem man diese gemeinsame Verwirklichung anstrebt. Gleiches gilt natürlich ebenso für den Vater, der allerdings die Schwangerschaft nur begleiten, nicht selbst auf sich nehmen kann.

Bei diesbezüglicher Frustration ist umso mehr die Kompensation in den Immunisierungskontexten Gruppe und System erwartbar (vgl. Kap. 4), wobei nun als entscheidender Faktor das Kind selbst ins Spiel kommt, weil über dieses ja Anerkennung des kollektiven oder des institutionellen Anderen zu erlangen ist. Erfolge oder Misserfolge, Beliebtheit oder Unbeliebtheit des Kindes beziehen die Eltern auf sich selbst – mit der verhängnisvollen Konsequenz, dass das Kind zum wichtigsten individuellen Anderen für das syndyastische Begehren werden kann, also Grundbedürfnisse der Bezugsperson erfüllen soll.

Fallbericht

Letzteres verdeutlicht ein historischer Fall, in dem sich umgekehrt die Mutter als besonders engagiert und vorbildlich verstand und die Schuld für eine verfehlte Entwicklung vor allem bei ihrer Tochter sah.

Es handelt sich um die eindrucksvoll dokumentierte Geschichte der Spanierin Aurora Rodríguez (vgl. Hackl 1987; Rendueles 1989), die am 9. Juni 1933 morgens gegen acht Uhr ihre 18-jährige Tochter Hildegart im Schlaf mit vier Schüssen aus nächster Nähe getötet hat. Sie wurde in einem Aufsehen erregenden Prozess zu einer Haftstrafe von 26 Jahren und 8 Monaten verurteilt, aber nach eineinhalb Jahren aufgrund eines psychiatrischen Gutachtens in eine Heilanstalt überwiesen. Die Öffentlichkeit nahm regen Anteil, weil Hildegart Rodríguez, die getötete Tochter, zu einer Figur des öffentlichen Lebens geworden war. Sie hatte als Vizepräsidentin der Sozialistischen Jugend Spaniens und ehrenamtliche Sekretariatsleiterin der Liga für Sexualreform mit Broschüren und Artikeln in der Tagespresse für Frauenemanzipation und sozialistische Gesellschaftsentwürfe gefochten – eine Hochbegabte, die im politischen Leben Spaniens in der Zeit vor Franco zur Hoffnungsträgerin vieler Frauen geworden war.

Aurora kam als das zweitjüngste von vier Kindern aus gutbürgerlichem Haus. Der Vater war Rechtsanwalt, ohne innerfamiliäre Kompetenz, farblos und passiv-duldsam, die Mutter dominant, ungeduldig, hart und häufig missgestimmt. Sexualität war für Aurora mit Ekel und Schuld besetzt. Sie hatte ihre Schwester beim vorehelichen Intimverkehr beobachtet und war zutiefst angeekelt, wie sie dem Gericht später gestand. Und sie erlebte die Aufregung im Elternhaus, als die Schwester schwanger wurde und heiraten musste. Da diese das abwechslungsreiche Leben ihres Ehemannes – eines viel in Übersee tätigen Textilhändlers – teilen wollte, überließ sie das Kind der erst 11-jährigen Aurora. Aurora baute zu ihrem Neffen eine „ersatzmütterliche" Beziehung auf, trug ihn stundenlang spazieren, sang ihn in den Schlaf und spielte ihm auf dem Klavier Musikstücke vor. Unter ihren Händen wurde Pepito zum musikalischen Wunderkind, das mit drei Jahren Klavier spielte und bald die ersten Konzerte gab. Jetzt meldeten sich die Eltern wieder, es mussten bessere Lehrer her, Aurora war nicht mehr gefragt. Dabei hatte sie Pepito als „ihr Werk" verstanden – die Trennung war ein traumatisches Ereignis. Im gleichen Jahr, in dem ihre als ungeduldig-dysphorisch empfundene Mutter stirbt, was Aurora als befreiend empfindet, hat sie die erste Menstruationsblutung. Ihre Selbstachtung sinkt; sie fühlt sich als

Mensch zweiter Klasse. Als sie 18 ist, stirbt der Vater. Sie wird finanziell unabhängig und beschäftigt sich unentwegt mit Gesellschaftstheorien, in denen die Gleichberechtigung der Frau das zentrale Thema ist. Im Alter von 23 Jahren, am Tage ihrer Volljährigkeit, macht sie in einer Zeitung bekannt, dass sie in andere Umstände zu kommen gewillt sei und der Vater ihres Kindes sich melden möge. Sie wolle ihn allerdings weder heiraten noch irgendeine eheähnliche Verbindung mit ihm eingehen. Vor Gericht wird sie später sagen, sie habe einen „physiologischen Mitarbeiter" für ihr zweites großes Werk gesucht, das diesmal ihr „Lebenswerk" ist.

Sie ist froh, als es wie gewünscht ein Mädchen wird, und nennt ihre Tochter Hildegart („Garten der Weisheit"). Aurora hält fast alles am herkömmlichen Umgang mit Kindern für verkehrt. Vom Tag der Geburt an unterhält sie sich mit ihrer Tochter wie mit einer Erwachsenen und erklärt ihr das Alphabet und das Einmaleins. Mit 2 Jahren bekommt Hildegart eine Schreibmaschine und schon ein Jahr später ein Zertifikat über Maschinenschreibkenntnisse. Noch vor Vollendung des 5. Lebensjahres geht sie zur Schule, wo sie mehrere Klassen überspringt. Im Alter von 13 Jahren nimmt sie mit einer Sondergenehmigung des Erziehungsministers ein Jurastudium auf, was Aurora für eine spätere politische Laufbahn unerlässlich findet, und verfasst Artikel für sozialistische Zeitungen.

Die Probleme beginnen, als sie 18 Jahre alt ist. Sie will ihre Kleidung und ihren Schmuck nun selbst aussuchen, verliebt sich, bekommt ein Auslandsstipendium angeboten. Wieder fühlt sich Aurora nicht mehr gefragt. „Fremde nahmen Besitz von meiner Tochter", sollte sie vor Gericht erklären. Kurz vor der Abreise nach London, die Hildegart ohne die Mutter antreten will, um bei dem bekannten Sexualwissenschaftler Havelock Ellis zu studieren, wird sie von ihrer Mutter im Schlaf erschossen.

Vor Gericht wird Aurora darlegen, dass Hildegart zu einem solch eigenmächtigen Vorhaben kein Recht hatte. Ihr, der Mutter, verdanke sie ihr Leben, die günstigen, ja idealen Bedingungen, ihr Wissen und ihre Fähigkeiten. Hildegart sei eine Aufgabe zugedacht gewesen, die sie hätte verwirklichen müssen, auch um den Preis der Selbstaufgabe. Hildegart ist ein Kunstprodukt ab ovo ad finum – und Aurora „Herrin" über Leben und Tod: Sie hat Leben gegeben und kann es wieder nehmen. Eine auch nur geringfügige Abwandlung des von ihr vorgegebenen Beziehungsgefüges war für sie unvorstellbar.

Da dies mit der Abreise eintreten musste, schien ihr die physische Vernichtung ihrer Tochter weniger schmerzlich als eine solche Umgestaltung ihrer Beziehung. Durch die Tötung hat sie dem eigenen Zusammenbruch, ihrer eigenen psychischen Dekompensation vorgebeugt.

Das von Aurora innig geliebte Kind ist „Selbstobjekt" der Mutter. Über eine „gelungene" Reproduktion und die vorzeigbaren Erfolge des Kindes kommt es einerseits zur Selbstvergewisserung der eigenen Weiblichkeit, andererseits zum Erleben intensiver Bedeutung und Mächtigkeit, die Aurora durch den kollektiven und den institutionellen Anderen als Mutter der hochbegabten Hildegart erfahren hat – letztlich eine Kompensation ihrer syndyastischen Deprivation. Für das Kind bedeutet dies konkret ein Aufzwingen von (geplanter) Entwicklung und nicht ein Sich-Entwickeln-Lassen. Genau das aber widerspricht der Reproduktion, ja „verkehrt" diese ins Gegenteil (weshalb hierfür der Begriff der „Reproversion" vorgeschlagen wurde; s. Beier 1994), weil es Weiterentwicklung – eine eigene Identität des Kindes – und mithin Neues nicht zulässt. Der Kreislauf

> des Lebens bringt aber nicht nur Lebendiges hervor, sondern entlässt dieses in das Leben selbst, in die Autonomie mit all ihren Chancen und Risiken. Als Hildegart ihren eigenen Weg beschreiten will, hat sie nach Ansicht der Mutter das Recht zu leben verwirkt.
>
> Komplizierend kommt diesbezüglich hinzu, dass das Kind seinerseits ein syndyastisches Begehren hat, das es an die Eltern richtet, das aber eben kindgemäß ausgestaltet ist und auf jenen Schutz und jene Sicherheit abzielt, die das Kind benötigt, um sich adäquat entwickeln zu können. Dies betrifft vor allem die ersten Lebensjahre, in denen es besonders auf die Bezugspersonen angewiesen ist, aber auch im Schulalter muss ein Halt bietendes soziales Umfeld gegeben sein, das weitere Entwicklungsschritte ermöglicht. Dies verändert sich dann erst in jener Lebensphase der Adoleszenz, in der Akzeptanz stärker bei einem außerfamiliären individuellen Anderen gesucht wird, dem man Vertrauen schenken und sich hingeben möchte, was Mitteilungen über Vorbehalte und schwelende Konflikte im Elternhaus einschließt.

Reproduktive Normen

Der erwachsene Mensch reflektiert und bewertet fortlaufend die Fortpflanzungsdimension – und ruft gegebenenfalls nach göttlicher Hilfe, wenn der Kinderwunsch nicht in Erfüllung geht. Die Vorstellungen können dabei sehr unterschiedlich sein: In den sogenannten „Naturreligionen" (ethnische Religionen schriftloser Kulturen) stand ohnehin die Anbetung weiblicher Gottheiten im Vordergrund, eben weil die Fruchtbarkeit des weiblichen Geschlechts als maßgeblich für den Fortbestand der Kultur angesehen wurde. Sexuelle Interaktionen wurden als positive Handlungen gesehen: letztlich als „Gottesdienst", um Leben hervorzubringen. Die Gunst der Göttin wurde erfleht, um schwanger zu werden, wenn die ersehnte Schwangerschaft nicht eintrat.

In Erlöserreligionen wie dem Christentum dominieren hingegen eine negative Bewertung sexueller Interaktionen und deren Einengung auf die Fortpflanzungszwecke. Dazu kommt eine Verteufelung der Frau für ihre sexuelle Anziehungskraft, die bei Menschen, die sexuell auf Frauen orientiert sind (überwiegend Männer), über die Reproduktion weit hinausreicht und eben deshalb zu verdammen ist, weil sie die Seele verunreinigen könnte (Körper-Geist-Dualismus; vgl. Kap. 2).

Empfindet aber jemand aus seiner religiösen Überzeugung heraus die Fortpflanzung als verpflichtend und eigentlichen Zweck der Sexualität, dann wächst die Bedeutungszuweisung für das Eintreten einer Schwangerschaft erheblich und die körpersprachliche Kommunikation ist auf diese Funktion eingeengt. Intimität wird dann selbst zum Stresserleben – entgegen den neurobiologisch angelegten Voraussetzungen, eine intensive Stressreduktion durch Körperkontakt zu bewirken.

Die menschenspezifische Fähigkeit zur Selbstreflexion sorgt aber auch dafür, dass nach der Geburt des Kindes durch die fortlaufende Evaluation von Anspruch und Wirklichkeit der Erziehung das syndyastische Funktionsniveau zwischen elterlichen Bezugspersonen und dem Kind leiden kann. Eltern haben Erwartungen, die das Kind spürt und denen es gerecht werden möchte, selbst wenn sie für die eigene Entwicklung als unpassend empfunden werden. Geschärft wird die Wahrnehmung der Differenz und wirkt damit dessen temporärer Aufhebung als Voraussetzung für immunitätsstärkende Momente entgegen, die sich dann in Eltern-Kind-Beziehungen kaum mehr ereignen, wenn das kognitive Niveau des Kindes ein Erkennen von Unterschieden und ein Erfassen der Zeit-Dimension möglich macht. Die Eltern sehen vor allem die Differenz zwischen dem Ist- und dem aus ihrer Sicht erforderlichen Sollzustand, insbesondere mit Blick auf die Anforderungen der Gesellschaft, dem das Kind gewachsen sein soll. Dadurch werden die Eltern vom Kind zunehmend nicht mehr als syndyastisch erfüllend wahrgenommen.

Da die Evolution dies als Gegenspieler zu aggressiven Verhaltensweisen entwickelt hat, um sozial bindende Mechanismen zu befördern, wundert es nicht, dass Menschen in Partnerschaften mit unerfülltem Kinderwunsch – auch ohne religiösen Hintergrund – zunehmend Aggressionen gegeneinander entwickeln und schließlich die Fortsetzung der Beziehung an die Erfüllung des Kinderwunsches knüpfen können. Intimität wird nicht mehr genossen, sondern einzig unter dem Gesichtspunkt bewertet, ob nun die Schwangerschaft eintritt oder nicht. Die Methoden der assistierten Reproduktion schaffen diesbezüglich nur bedingt Abhilfe und sind für gläubige Christen ohnehin keine dankbar aufgenomme Option, weil dadurch nicht dem von Gott vorgesehenen natürlichen Vorgang entsprochen wird.

Aber selbst wenn kein religiöser Hintergrund diesbezüglich hinderlich ist, kann das Stressgeschehen bei Paaren mit unerfülltem Kinderwunsch so ausgeprägt sein, dass das gesamte Alltagsleben davon erfasst wird und syndyastische Erfüllung für beide Partner in weite Ferne rückt.

> **Fallbericht**
>
> Ein seit 10 Jahren verheiratetes Paar – beide als Lehrer berufstätig – hatte bereits einen 5-jährigen Sohn, war nun aber uneins bezüglich eines zweiten Kindes, das sie unbedingt wollte, er aber nicht. Er vertrat die Auffassung, dass bereits ein Kind die Eltern in hohem Maße fordern würde und bei einem zweiten Kind fraglich sei, ob sie den Bedürfnissen beider Kinder gerecht werden könnten. Er führte in dem Zusammenhang die eigene biografische Entwicklung an, die sichtbar gemacht habe, dass die Eltern mit der Erziehung von zwei Kindern überfordert gewesen waren, was bei allen Beteiligten zu Frustration und am Ende zu massiven Vorwürfen der Kinder gegenüber den Eltern geführt habe. Dies wolle er in der eigenen Familie vermeiden. Die Frau hingegen argumentierte, dass dies eine Besonderheit seiner Familie sei und man hieraus keine generellen Schlussfolgerungen ziehen könne. Sie sei auch gerne bereit, ihr berufliches Engagement zu verringern, um sich adäquat um beide Kinder kümmern zu können. Da dies den Mann nicht überzeugte (auch weil seine Mutter nicht berufstätig gewesen war), erhöhten sich die Spannungen innerhalb der Beziehung und es verschlechterte sich die sexuelle Interaktionsebene rapide. Dies führte vermehrt zu Vorwürfen und Streit und hatte letztlich dann massive Auswirkungen der beiden Eltern zum Sohn, dem diese Disharmonie nicht verborgen bleiben konnte. Schließlich drohte die Ehefrau mit der Trennung, wenn er bei seiner „Verweigerungshaltung" bleiben würde.

Infolgedessen ist es in hohem Maße unwahrscheinlich, dass während der Individualentwicklung nicht auch eine Auseinandersetzung mit den eigenen Fortpflanzungspotenzialen erfolgen würde. Geschlechtsbezogen ist diesbezüglich eine unterschiedliche Intensität zu erwarten, weil das weibliche Geschlecht ein *höheres reproduktives Investment* zu tragen hat und damit eine Entscheidung für eine Schwangerschaft von größerer biografischer Tragweite ist als für Angehörige des männlichen Geschlechts.

Reproduktive Verwirklichung
Dies macht zugleich verständlich, warum die Vielzahl individueller Ausprägungen der eigenen reproduktiven Verwirklichung beim weiblichen Geschlecht größer ist als beim männlichen Geschlecht:

- Frauen werden schwanger, obwohl sie sagen, dass sie nicht schwanger werden wollen.
- Frauen werden nicht schwanger, obwohl sie sich ein Kind wünschen und organisch keine Ursache zu finden ist, die dem entgegensteht.
- Frauen sagen, dass sie gar nicht schwanger werden wollten, haben aber dann keine Probleme mit dem Austragen des Kindes und dem Gebären.

- Frauen sagen, dass sie unbedingt schwanger werden wollten, erleiden aber während ihrer Schwangerschaft und unter der Geburt erhebliche Qualen, ohne dass es ein organisches Korrelat gibt.
- Frauen sagen, dass sie schwanger werden wollen, und nachdem eine Schwangerschaft eingetreten ist, wünschen sie plötzlich einen Abbruch.

Diese Phänomene verweisen auf eine offensichtlich ambivalente Besetzung des Kinderwunsches, welche sich einerseits als Ausdruck realer Widersprüche in der Ausgestaltung der Frauen- und Mutterrolle sowie der weiblichen Geschlechtsidentität verstehen lässt, andererseits aber zugleich auf der intrapsychischen Ebene durch eine Vielzahl bewusster und unbewusster Determinanten des Kinderwunsches bedingt sein kann. Der Komplexität des Kinderwunsches liegen bewusste und unbewusste Aspekte der Beziehung zur eigenen Mutter, zum Vater, zu Geschwistern sowie die aktuelle Beziehung zum Partner, zur Sexualität und zu eigenen Idealbildern zugrunde – alles Anlass für darauf bezogene Bedeutungszuweisungen, die sich nicht auf der reflexiven Bewusstseinsebene abspielen müssen, aber das Verhalten bestimmen.

Fallbericht

Die 33-jährige Mutter von 5 Kindern befand sich in wiederholten Sorgerechtsstreitigkeiten mit dem Jugendamt, weil dieses sich in die Betreuung ihrer Kinder „eingemischt" hatte (das erste Kind hatte sie im Alter von 16 Jahren bekommen) und in engem Kontakt zu den (insgesamt drei) Vätern stand, bei denen vier Kinder lebten, während sich ein Kind in einer Pflegefamilie befand. Zwar sah sie bei sich schon eine eingeschränkte Erziehungsfähigkeit, reklamierte aber, mit mehr Unterstützung die Betreuung in größerem Umfang übernehmen zu können. Mittlerweile war sie erneut schwanger, verwies aber darauf, dass sie mittels Dreimonatsspritze verhütet habe und sich deshalb die Schwangerschaft nicht erklären könne. Dies sei ihr allerdings nicht das erste Mal passiert: 2 Kinder seien ebenfalls gezeugt worden, obschon sie mit der Dreimonatsspritze verhütet hätte, in den anderen Fällen habe sie „nicht aufgepasst". Sie räumte auf Nachfrage ein, dass sie den Zustand der Schwangerschaft sehr begrüße und sich in dieser Phase immer besonders gut fühle („so gut wie sonst nicht").

Die psychische Belastung der Unfruchtbarkeit ist enorm: Sie nimmt in der subjektiven Stresswahrnehmung noch vor Scheidung oder dem Tod einer geliebten Bezugsperson die erste Stelle ein (Felder und Brähler 1995). Die Bedeutungsaufladung ist also maximal.

Im Hinblick auf das syndyastische Begehren kommt dem Kinderwunsch und dessen Realisierung besondere Bedeutung zu. Dies wird daran erkennbar, dass die Bejahung des Kinderwunsches durch den als ergänzenden Elternteil gewünschten individuellen Anderen das größtmögliche Ausmaß an syndyastischer Erfüllung bewirkt, weil es eben Akzeptanz gegenüber der ganzen Person in ihrer reproduktiven Potenzialität zum Ausdruck bringt. Umso stärker die Enttäuschung, wenn der Kinderwunsch nicht auf die erhoffte Bejahung stößt oder sogar offen abgelehnt wird bzw. im Fall einer bereits eingetretenen Schwangerschaft diese Mitteilung vom Anderen nicht sofort mit Begeisterung aufgenommen oder gar zurückgewiesen wird.

Gelingen die Integration von verändertem Körperbild sowie die Konsolidierung eines erweiterten Selbsterlebens und ist eine ausreichende Unterstützung durch die partnerschaftliche Beziehung gewährleistet, verläuft die Schwangerschaft auf der psychischen Ebene regelgerecht. Es gibt aber auch Verläufe mit einer Vielzahl innerer und äußerer Konflikte, die als Auslöser für zahlreiche psychische und psychosomatische Beschwerden während Schwangerschaft, Geburt und Wochenbett wirken können und die körperlich-seelische Einheit der Schwangeren gefährden.

Durch die Geburt und die Hervorbringung eines neuen Lebewesens, das vollständig auf die Unterstützung Anderer angewiesen ist, ergibt sich zwangsläufig eine *Aufwertung der eigenen Bedeutung* im Kontakt mit einem neuen Individuum, das gar nicht anders kann, als alles zu akzeptieren, was ihm entgegengebracht wird. Dabei spielt die Qualität der Elternbeziehung eine große Rolle, weil sich das Kind nicht nur mit den einzelnen Elternpersonen identifiziert, sondern eben auch mit deren Beziehung. Hinzu kommen die Reaktionen des erweiterten sozialen Umfeldes mit den verschiedensten Gruppenzugehörigkeiten (in Beruf und Freizeit) sowie gesellschaftliche Regularien bei eingetretener Elternschaft (Kindergeld) gegebenenfalls mit einem großen Kanon an Rechtsvorschriften, etwa zur Regelung von Umgangs- und Sorgerechten im Streitfalle.

Reproduktionsbezogene Traumata
Einen gewissen Aufschluss über die Häufigkeit von Problemen im Bereich der sexuellen Reproduktion gibt ebenfalls der zweite Teil der *Berliner Männer-Studie*, in dem die 108 in die Untersuchung einbezogenen Partnerinnen – wie ihre Männer – auch ausführlich zum Thema Fortpflanzung befragt wurden. Dabei zeigte sich, dass insgesamt 42,6 % der Frauen mindestens eine der folgenden fünf Besonderheiten sexueller Reproduktion selbst erlebt und als problematisch verarbeitet hatten: Schwangerschaftsabbruch, Fehlgeburt, unerfüllten Kinderwunsch, eingebildete oder nicht wahrgenommene Schwan-

gerschaft. Bemerkenswert ist darüber hinaus, dass selbst die eingebildete (12 %) oder nicht wahrgenommene Schwangerschaft (4,6 %) unerwartet häufig angegeben wurde. Mehr als 15 % hatten sogar in mindestens zwei Bereichen belastende Erlebnisse angeführt (vgl. Tab. 3.3).

Die entsprechenden Zahlen fallen für die Männer wesentlich niedriger aus: 23,5 % hatten mindestens eine der fünf oben genannten Besonderheiten sexueller Reproduktion bei ihren Partnerinnen erlebt und als problematisch verarbeitet. Dabei fällt auch auf, dass – anders als bei den Frauen selbst – die eingebildete (1,9 %) oder die nicht wahrgenommene Schwangerschaft (1,9 %) wiederum eher selten angegeben wurde (vgl. Tab. 3.4).

Geschlechtsbezogene Unterschiede führen offenbar zu einer jeweils differenten innerpsychischen Auseinandersetzung mit Fragen der Fortpflanzung. Jeder Mensch muss seine Geschlechtsorgane und deren biologische Funktionen auch psychisch integrieren – und diese betreffen bei Frauen in größerem Umfang die reproduktiven Anteile von Geschlechtlichkeit.

Tab. 3.3 Berliner Männer-Studie II

Häufigkeit verschiedener Probleme der sexuellen Reproduktion bei den **Partnerinnen** von Teilnehmern (N = 108); mit Mehrfachnennungen		
	N	%
Schwangerschaftsabbruch (insgesamt 33 %) mit Leidensdruck verbundem	16	14,8
Abort (insgesamt 20 %) mit Leidensdruck verbunden	17	15,7
Unerfüllter Kinderwunsch (insgesamt 16,4 %) mit Leidensdruck verbunden	18	16,7
Eingebildete Schwangerschaft	13	12,0
Nicht wahrgenommene Schwangerschaft	5	4,6
Insgesamt (ohne Mehrfachnennung)	46	42,6

Tab. 3.4 Berliner Männer-Studie II

Häufigkeit verschiedener Probleme der sexuellen Reproduktion bei den partnerschaftlich gebundenen **Teilnehmern** (N = 310); mit Mehrfachnennungen		
	N	%
Schwangerschaftsabbruch (insgesamt 33 %) mit Leidensdruck verburden	25	8,1
Abort (insgesamt 20 %) mit Leidensdruck verbunden	27	8,8
Unerfüllter Kinderwunsch (insgesamt 16,4 %) mit Leidensdruck verbunden	33	10,7
Eingebildete Schwangerschaft	6	2,0
Nicht wahrgenommene Schwangerschaft	6	2,0
Insgesamt (ohne Mehrfachnennung)	73	23,8

Wie dann auch immer die gewählte Lebensform sein mag, die parallel zum traditionellen Familienmodell eine beträchtliche Vielzahl aufweist (z. B. getrenntlebende Eltern mit aufgeteilten Betreuungszeiten; gleichgeschlechtliche Partnerschaften mit Kindern etc.), ist immer die Abstimmung zwischen den Eltern erforderlich, die sich beide mit ihren Auffassungen wiederfinden möchten. Dies erklärt, dass psychische und psychophysiologische Beeinträchtigungen der Fortpflanzung in ihren unterschiedlichen Phasen (Zeugung, Schwangerschaft, Geburt sowie Kinderpflege/-erziehung) mit Leidensdruck verbunden sind und die Beziehung der Partner erheblich belasten können. Es geht aber immer auch um Akzeptanz der Elternrolle durch den kollektiven und den institutionellen Anderen (Kap. 4).

Aus klinischer Sicht sind dabei Einteilungen möglich, die sich auf die Phase *vor Eintreten einer Schwangerschaft, während der Schwangerschaft und nach der Geburt* beziehen lassen (vgl. Wessel et al. 2007). Es lassen sich unterscheiden:

Vor Eintreten der Schwangerschaft sind dabei der unerfüllte Kinderwunsch sowie auch die eingebildete Schwangerschaft zu nennen – wobei die mit einer tatsächlich nicht bestehenden, aber ersehnten Schwangerschaft verknüpften psychischen und psychophysiologischen Umstellungsvorgänge (Sistieren der Monatsblutung, Gewichtszunahme, Kindsbewegungen) von der betroffenen Frau als gegeben erlebt und der Umgebung entsprechend präsentiert werden. Durch die Ultraschalltechnologie ist diese besondere Erlebensform reproduktiver (Schein-)Verwirklichung seltener geworden.

Fallbericht

Die 36-jährige Chemielaborantin war streng katholisch erzogen und hatte vorehelichen Geschlechtsverkehr für sich ausgeschlossen. Die Eheschließung erfolgte erst vor einem Jahr: Sie war froh, „überhaupt einen Partner" gefunden zu haben, der ihre religiösen Werte teilte. Aufgrund seinerseits bestehender Erektionsstörungen war ein Geschlechtsverkehr nur sehr bedingt möglich und während der Ovulation besonders erschwert (sie hatte dafür eine App in Nutzung, um den optimalen Zeitpunkt für die Befruchtung zu ermitteln). Da die ersehnte Schwangerschaft ausblieb, war sie zunehmend von Wut gegenüber dem Ehemann erfüllt und voller Neid gegenüber Frauen, die Kinder hatten oder schwanger waren. Dies ging so weit, dass sie sich zurückzog, um auch im Bekanntenkreis niemandem zu begegnen, der diesen Neid hätte auslösen können, was wiederum aufgrund ihres Glaubens in einem Selbstvorwurf mündete, weil sie dies für lasterhafte bzw. sündige Gedanken hielt, die sie aber zunehmend okkupierten, weswegen sie häufig Beistand bei einem katholischen Priester suchte, der ihr auch die Beichte abnahm. Dies vermochte aber nicht, die hasserfüllte Wahrnehmung ihrer Umwelt und ihres Ehemannes zu reduzieren, wobei sie ein-

> zusehen vermochte, dass ihr ganzes Unglück durch die Bedeutungszuweisung und Bewertung entstanden war, die sie fortlaufend vornahm (sie fühlte sich als Frau nicht „vollwertig" und damit ohne Anspruch auf „Anerkennung vor Gott") und das Verhältnis zu ihrem Ehemann so weit zerrüttete, dass sie körperliche Nähe mit diesem nicht mehr eingehen mochte – außer zum Versuch eines Geschlechtsverkehrs, um schwanger zu werden.

Während der Schwangerschaft kann es zu Fehlgeburten kommen, aber auch dazu, dass diese nicht wahrgenommen wird (auch als „negierte Schwangerschaft" bezeichnet). Dabei werden die mit einer bereits eingetretenen Schwangerschaft verknüpften psychischen und psychophysiologischen Umstellungsvorgänge (Sistieren der Monatsblutung, Gewichtszunahme, Kindsbewegungen) von der betroffenen Frau bei sich selbst nicht wahrgenommen, während bei der verheimlichten Schwangerschaft die Frau diese der Wahrnehmung anderer entzieht.

> **Fallbericht**
>
> Unter dem Verdacht, eine Kindestötung unmittelbar nach der Geburt begangen zu haben, wurde gegen eine 18-jährige ledige Gymnasiastin ermittelt, die sozial wie familiär gut integriert in einem 5-Personen-Haushalt bei den Eltern lebte und dem Abitur zustrebte. Sie hatte ohne fremde Hilfe aus Steißlage ein Kind zur Welt gebracht und etwa eine halbe Stunde nach der Geburt das mit allen Zeichen der Reife versehene Neugeborene in Tücher gewickelt nachts bei kalter Witterung vor der Tür einer Sozialstation abgesetzt, geklingelt und nach Angehen der Treppenbeleuchtung geglaubt, es würde dort aufgefunden. Tatsächlich starb das Kind aber an Unterkühlung (vom Gericht geprüft wurde deshalb insbesondere auch der § 221 StGB „Aussetzung mit Todesfolge").
>
> Bei den Explorationen bot sie keine psychischen oder psychosexuellen Auffälligkeiten. Mit 17 Jahren hatte sie eine erste koitale Beziehung zu einem 19-Jährigen; hierbei ist es trotz Empfängnisverhütung mit Kondomen zur Konzeption gekommen. Zum Schwangerschaftsverlauf gab sie rückblickend an, nie Schwangerschaftszeichen, keine Übelkeit, kein Erbrechen, insbesondere keine Zunahme des Bauchumfanges oder gar Kindsbewegungen festgestellt zu haben, im Gegenteil: Bis zum Schluss hätte sie ihre Monatsblutung gehabt, ganz regelmäßig wie immer, vielleicht nicht ganz so stark. Noch in der 27.–30. Schwangerschaftswoche fuhr sie mit gleichaltrigen Mitschülern ans Mittelmeer und badete dort gänzlich unbekleidet wie die anderen auch. Nie sei sie auf den Gedanken gekommen, schwanger zu sein, aber auch nie von Anderen auf diese Möglichkeit angesprochen worden. Bis 2 Tage vor der Geburt nahm sie regelmäßig am Schul-, einschließlich Sportunterricht teil. Am Abend der Geburt ging sie mit „Magenverstimmung", wie sie der Mutter sagte, ins Bett, verspürte etwa gegen Mitternacht ein „Rumoren im Bauch", fasste sich zwischen die Beine und bemerkte Blut, tastete dann Hodensack und Gesäß des Kindes und begriff erst jetzt, dass sie dabei war, zu gebären.

> Die detaillierte, mithilfe der Familie objektivierte Rekonstruktion von Schwangerschaft und Geburt ließ hier eigentlich nur den Schluss zu, dass eine intelligente, altersentsprechend entwickelte und sexuell aufgeklärte, über Möglichkeit und Anwendung von Empfängnisverhütungsmitteln gut informierte 18-Jährige mit durchschnittlichen Leistungen in der gymnasialen Oberstufe und geordnetem sozialen Hintergrund ihre Schwangerschaft nicht wahrgenommen hatte und von der Geburt überrascht wurde. Gleichwohl bestand bei der jungen Frau eine starke Verunsicherung ihrer weiblichen Identität durch den Verlust des damaligen Freundes (und Kindesvaters), der anknüpfte an den Verlust des Vaters, den sie sehr geliebt hatte (dieser verstarb, als sie selbst 6 Jahre alt war, an Krebs). Interessanterweise hatte sie bereits als Kind die „Verleugnung" als Abwehrmechanismus in bemerkenswerter Intensität ausgebildet, indem sie über Jahre den Tod des Vaters leugnete und in der Schule über angebliche Urlaubsreisen mit ihm berichtete.
>
> Die junge Frau lehnte eine angebotene Psychotherapie ab, weil sie diese nicht als erforderlich ansah – insofern war eine therapeutische Aufarbeitung der vermuteten Hintergrundproblematik nicht möglich. Allerdings zeigt ihre weitere Entwicklung auf bedrückende Weise die konflikthafte Besetzung des reproduktiven Bereiches von Geschlechtlichkeit bei ihr: Sie hatte ziemlich genau ein Jahr nach dem tragischen Tod des ersten Kindes eine zweite Schwangerschaft über die ersten 7 Monate hin erneut nicht wahrgenommen, in den letzten Wochen dann verheimlicht und die Mutter erst anlässlich der Austreibungswehen eher beiläufig informiert („Du, ich bekomme ein Kind"). Trotz der sofort herbeigerufenen ärztlichen Hilfe wurde es dann eine Hausgeburt mit Assistenz der Mutter, die bis heute das Enkelkind versorgt. Nur die konstellativen Bedingungen haben hier verhindert, dass es möglicherweise wieder zur strafrechtlichen Verfolgung kam. Die psychopathologische Dimension des Geschehens entsprach ganz dem Verlauf der ersten Schwangerschaft.

Psychodynamisch im Vordergrund stand bei der jungen Frau das Gefühl, als Kind nicht ausreichend wahrgenommen worden zu sein, wobei – bedingt durch den frühen Tod des Vaters – eine besondere Angst vor dem Verlust geliebter Menschen gegeben war, was auch erklärt, dass sie lange unter der Trennung von ihrem ersten Freund gelitten hatte („alles, was ich liebe, verliere ich immer"). So könnte in der nicht wahrgenommenen Schwangerschaft der Wunsch gesehen werden, das geliebte Gemeinsame nicht verlieren zu wollen, so wie andererseits eben auch die Verleugnung des Umstandes, dass es eben keine Gemeinsamkeit mehr mit dem Kindesvater gab. Auf einer unbewussten Ebene – so könnte eine Interpretation lauten – hat sie die positiv empfundene Beziehung und dadurch erfahrene Akzeptanz im Zustand der Schwangerschaft verstetigen wollen, ohne sich mit den Folgen auseinandersetzen zu müssen, weshalb eben die Schwangerschaftssymptome ausgeblendet werden mussten. Dadurch aber fehlt die Beziehungsaufnahme zu dem eigenen Kind, dessen Geburt für die Mutter überraschend eintritt, die hiernach als schützende Beziehungsperson für das Kind ausfällt, was auch daran erkennbar wird, dass sie das zweite Kind der eigenen Mutter zur Versorgung überlassen hat. Es ist davon auszugehen, dass solche Schwangerschaftsverläufe für die betroffenen Frauen als Ausdruck einer sich im Bereich der Fortpflanzungsdimension abspielenden Konfliktverarbeitung zu sehen sind, die das Empfinden zurücklässt, Schuld auf sich genommen zu haben, insbesondere, wenn das Kind zu Schaden gekommen ist (vgl. Beier 1994).

In Anbetracht der anzunehmenden epidemiologischen Situation mit einer negierten Schwangerschaft auf 400 Geburten, ist in Deutschland pro Jahr von 2000 Fällen auszugehen, wobei sich Forschung in diesem Feld nur schwer realisieren lässt, weil die Kooperationsbereitschaft der betroffenen Frauen außerordentlich gering ist. Die Negierung einer Schwangerschaft und die Freigabe von Kindern zur Adoption aus diesen Schwangerschaften sind stark mit Schuldgefühlen besetzt und mutmaßlich erneut eine Unterminierung des ohnehin geschwächten Selbstbildes – jetzt in dem Sinne, keine „gute Mutter" zu sein.

Auf der anderen Seite wird unterschätzt, wie häufig eine psychische Konfliktverarbeitung über die Reproduktion, also unter der Nutzung ihrer biologischen Funktionen, bei Menschen stattfindet. Sehr verbreitet ist der Kinderwunsch bei auseinandergehender Partnerschaft, indem also das überwiegend Trennende durch das Verbindende eines gemeinsamen Kindes ausgeglichen werden soll.

Auch sind Berichte bekannt, wonach Frauen mit sehr vielen (manchmal mehr als zehn) Schwangerschaftsabbrüchen selber die Auffassung vertreten, dass im Moment der Schwangerschaft ein Kinderwunsch bestand, der aber als die Suche nach einem glücklicheren und erfüllteren Leben zu verstehen war, also als Ausdruck eines auf andere Weise offenbar nicht lösbaren Lebenskonfliktes. Dann wird jedoch die über das Kind angestrebte Lösung als dysfunktional erkannt und dies hat eine Entscheidung für den Abbruch der Schwangerschaft zur Folge (vgl. Beier 1994).

So berichtet eine 31-jährige Goldschmiedin, die ein Kind hat, über den Hintergrund ihrer bisher neun Schwangerschaftsabbrüche: „Wenn ich mir vornehme, dass mir das nie wieder passiert, dann ist das eine verstandesmäßige Entscheidung. Aber in der Situation, in der ich schwanger werde, ist mein Verstand ich weiß nicht wo. Es reicht nie aus, mich zu einem anderen Verhalten zu bringen […] mittlerweile frage ich mich auch, wieso werde ich eigentlich immer wieder schwanger. Ich habe das Gefühl, es ist der Wunsch nach einem anderen Leben. Dass ich irgendetwas suche. Ich glaube auf jeden Fall, dass etwas anderes dahintersteckt als einfach nur Zufall. […] Sexualität hieß für mich immer Liebe zu bekommen, geliebt zu werden. […] Diese Liebe sichtbar zu machen ist wohl auch ein Teil der immer wiederkehrenden Schwangerschaften. Mein Gefühl, das ist mein Wunsch, geliebt zu werden, Frau zu sein, Kinder zu bekommen" (vgl. Meyer et al. 1991, S. 70–72). Wie bei der nicht wahrgenommenen Schwangerschaft (s. o.), scheint der gleiche hintergründige Wunsch zu bestehen („Liebe sichtbar zu machen"), der aber durch die bewusste Wahrnehmung der Schwangerschaft aufgrund einer Einsicht in die realen Gegebenheiten (d. h. einer nicht wirklich bestehenden, sondern lediglich ersehnten Liebe) revidiert wird und dann zum Abbruch führt.

Hochgradig traumatisierend dürften auch Einflussnahmen aus dem sozialen Umfeld sein, die zu einem von der Frau nicht gewollten Schwangerschaftsabbruch führen oder aber *nach der Geburt* von der Mutter die Freigabe des Kindes zur Adoption verlangen. Hierzu liegen keine empirischen Zahlen vor, klinisch sind aber viele entsprechende Einzelschicksale bekannt.

In hohem Maße traumatisierend sind darüber hinaus alle Ereignisse, welche schädigenden Einfluss auf die eigenen Kinder nehmen – auch dann, wenn diese vollkommen unverschuldet eintreten. Dies gilt insbesondere für schwere Erkrankungen und Unfälle, insbesondere wenn ein tödlicher Ausgang zu verarbeiten ist. Dies kann dazu beitragen, dass sich die elterliche Beziehung nicht mehr aufrechterhalten lässt, eben weil die Möglichkeiten zur Akzeptanz trotz Differenz so geschwunden sind, dass die überindividuelle Gewinnerwartung nicht mehr ausreichend erscheint.

4

Akzeptanz – Was schützt uns?

Inhaltsverzeichnis
4.1   Der individuelle Andere: Immunisierungskontext Intimität 80
4.2   Der kollektive Andere: Immunisierungskontext Gruppe 92
4.3   Der institutionelle Andere: Immunisierungskontext System 96

Akzeptanz ereignet sich nur in der Interaktion mit mindestens einem anderen Menschen. Sie beschreibt den Zustand der Annahme, auch im Sinne eines körperlichen Angenommen-Werdens sowie der Anerkennung (im Sinne eines kognitiven Vorgangs), welcher nur durch ein Gegenüber ausgelöst werden kann, von dem man anerkannt und angenommen werden möchte. Prinzipiell betrifft dies Begegnungen innerhalb der sozialen Mikroebene, das heißt im Austausch mit einem *individuellen Anderen* (wie z. B. in einer Paarbeziehung; vgl. Abschn. 4.1), aber auch mit einer Bezugsgruppe und ihren Regularien, die im Folgenden als *kollektiver Anderer* bezeichnet wird (vgl. Abschn. 4.2), sowie innerhalb der Makroebene von gesellschaftlichen (kulturellen, politischen, administrativen) Systemen, was hier als *institutioneller Anderer* gefasst wird (vgl. Abschn. 4.3).

In der Beziehung zu einem *individuellen Anderen* können sich besonders intensiv Vertrautheit und Zugehörigkeit herausbilden, was Aristoteles als Basis für die Lebenserhaltung ansah, die für das Leben eines jeden Einzelnen wichtiger sei als größere Gemeinschaften bzw. das Staatswesen (vgl. Kap. 1). Dabei vermochte er nicht auf das neurobiologische Wissen zurückzugreifen, das heute zur Verfügung steht und eindeutig belegt, dass die *körperliche Nähe zu einer vertrauten Person* zu einer Reduktion von Stress führt und darüber hinaus zur Angst- und Aggressionsminderung beiträgt, nach hiesiger Lesart also ein hohes syndyastisches Funktionsniveau zur Folge hat. Dies ist Hintergrund für den dadurch möglich werdenden Zuwachs an biopsychosozialer Immunität im Sinne eines Schutzes vor existenziellen Bedrohungen – sowohl auf der biologischen als auch der psychosozialen Ebene. Diesen Schutz streben alle Individuen an, unterscheiden sich aber in ihrer Vulnerabilität und Resilienz gegenüber Stressoren sowie im Umfang bisher erlebter Belastungen, die sie als bedrohlich empfinden (vgl. Kap. 3).

Umgekehrt führt deren Fehlen (d. h. ein niedriges syndyastisches Funktionsniveau und damit verknüpfte geringere Immunität) zu einem dauerhaften Erleben von Stress und kann dadurch gesundheitsbeeinträchtigende Folgen haben, wie sie etwa durch das Auftreten von depressiven Symptomen, aber auch durch negative Auswirkungen auf das Herz-Kreislauf-System oder eben die immunologischen Abwehrkräfte des Körpers (Krankheitserreger abzuwehren) erkennbar werden. Diese nur wenigen Beispiele können bereits erklären, warum ein derartig enger Zusammenhang zwischen der Qualität sozialer Beziehungen und der Gesundheit besteht. Umso besorgniserregender ist es, wenn Menschen auf diese Möglichkeiten der gegenseitigen Immunisierung nicht mehr zurückgreifen können (etwa bei Vereinsamung) oder aber sich sogar umgekehrt zum Ziel machen, die Immunität des individuellen Anderen zu schwächen, etwa bei Partnerschaftskonflikten. Das klinische Bild sexueller Gesundheit ist durch derartige Beeinträchtigungen gekennzeichnet, die sich aus Unvereinbarkeiten zwischen den Erfordernissen des Binden-Müssens (vgl. Abschn. 2.1) und den Ergebnissen des Bewerten-Müssens (vgl. Abschn. 2.2) herleiten lassen.

Hervorzuheben ist: Jene neurobiologischen Mechanismen der Stressreduktion durch körperliche Nähe mit einem individuellen Anderen – mindestens also in der Zweisamkeit – können *im Austausch mit dem kollektiven oder dem institutionellen Anderen nicht in vergleichbarer Weise aktiviert werden.*

Sowohl der kollektive als auch der institutionelle Andere übernehmen gleichwohl wichtige soziale Funktionen und vermögen die psychosoziale Immunität zu stärken: Gruppen, um gemeinsame Ziele zu erreichen, mit denen sich die Beteiligten identifizieren (beispielsweise im Sport, aber auch in beruflichen Zusammenhängen), Systeme für die Absicherung einer übergeordneten Infrastruktur – sowohl administrativ als auch ökonomisch und politisch. Der kollektive Andere ist allerdings ein Zusammenschluss von Individuen, die sich zu dem gemeinsamen Zweck (zumindest in einer gewissen Anzahl) immer wieder persönlich begegnen, während der institutionelle Andere prinzipiell ohne persönliche Kontakte auskommt und persönliche Beziehungen zu Funktionsbeauftragten eher die Ausnahme darstellen.

Akzeptanz wird in allen Immunisierungskontexten gesucht, aber nur gegenüber dem individuellen Anderen entsteht diese durch *temporäre Aufhebung der Differenz*, indem durch beidseitige Selbstrücknahme das Erleben von Gemeinsamkeit ermöglicht wird. Die Stärkung basiert auf dem Umstand, dass sich die Beteiligten jeweils in den Dienst der Selbstentfaltung des Anderen stellen und keinem anderen übergeordneten Zweck verpflichtet sind. Dies erfährt durch die intime Begegnung ihren einzigartigen Ausdruck. Wilhelm von Humboldt sprach in dem Zusammenhang vom „unermesslichen Ganzen" – letztlich nichts anderes als die Hervorbringung einer überindividuellen (biopsychosozialen) Gemeinsamkeit: Durch Selbstrücknahme (der eigenen Individualität) stellt man sich in den Dienst der Selbstentfaltung der Individualität des Anderen und kann darin wiederum die eigene Individualität (in höherem Maße) entfalten. Die überindividuelle Einheit ist dann der „neue" Ausgangspunkt, von dem aus sich eine nächste „neue" Stufe der Individualität für beide Beteiligten entfalten lässt.

Darin liegt der erste fundamentale Unterschied zum kollektiven und auch zum institutionellen Anderen: In Gruppen und Systemen ist die Beachtung und *Betonung von Differenzen* das identitätsstiftende Element, denn es ist erforderlich, um die eigene Zugehörigkeit nach außen zu untermauern (externe Differenz) sowie sich auch innerhalb der Gruppen besonders auszuzeichnen (interne Differenz). Innerhalb der eigenen Gruppe ist man vereint in der Differenz zu einer anderen Gruppe oder zu einem anderen System. Die *Gemeinsamkeit in der Differenz* schafft die Akzeptanz untereinander.

Zugehörigkeit wird dann gewährt, wenn man bereit ist, die Differenz zur anderen Gruppe oder zum anderen System als maßgebliches Identitätsmerkmal mit abzusichern. Insbesondere die Projektion von negativen Eigenschaften auf andere Gruppen ist ein integrierender Bestandteil des Zusammenhalts und wer dazugehören will, muss sich daran beteiligen. In kultivierter Form findet sich dies vor allem im Sport, der von jeher – aus diesem Grunde – eine hohe Anziehungskraft bei Menschen genießt und dem Abbau von Aggressionen dient. Wer dazugehört, genießt dann innerhalb der Gruppe psychosoziale Immunität, wer austritt oder sich abtrünnig verhält, verliert diese.

In kriegerischen Auseinandersetzungen erreichen entwertende Zuschreibungen ihre extremste Ausformung, weil die Aggression auf die Vernichtung des Feindes zielt, der einer anderen Nation oder Kultur angehört und dem – wegen seiner vermeintlich negativen Eigenschaften – das Existenzrecht abgesprochen wird. Das Differente soll dann eliminiert werden, das Motiv ist die Stärkung der eigenen Position, als Gruppe oder als System. Die Immunisierung betrifft dann auch die „Abhärtung" gegenüber Kriegsverbrechen bzw.

Grausamkeiten gegenüber den Gegnern einschließlich der Zivilbevölkerung – und damit die Neutralisierung der Tötungshemmung, da die Vernichtung des Feindes durch die Gruppen-Überzeugungen legitimiert ist und zu Aufwertung führt („Kriegshelden"), wie im umgekehrten Fall bei nicht ausreichender (vermeintlicher) Legitimation psychische Schäden drohen (posttraumatische Belastungsstörungen bei Kriegsveteranen).

Der zweite fundamentale Unterschied zwischen dem Austausch mit dem individuellen Anderen auf der einen Seite und dem kollektiven sowie institutionellen Anderen auf der anderen Seite besteht darin, dass die Akzeptanz durch den kollektiven Anderen oder den institutionellen Anderen durch möglichst gekonnte Selbstdarstellung bis hin zur Selbstbehauptung steigt – eben auch intern durch Betonung der Differenz. Akzeptanz ist gerade daran gebunden, dass die Individualität betont wird, während im Immunisierungskontext Intimität genau das Gegenteil erforderlich ist: die Selbstrücknahme.

Wiederum ist in dem Zusammenhang die evolutiv neue kognitive Fähigkeit des Menschen besonders zu berücksichtigen: Dadurch, dass er sich aufgrund der Erfassung der Zeit-Dimension perspektivisch alles vorstellen kann, fantasiert er sich in Hauptrollen, die in den Immunisierungskontexten Gruppe und System auch mit besonders viel Anerkennung verbunden sind. Dies gilt aber gerade nicht für den Immunisierungskontext Intimität, weil funktionierende Beziehungen sich gerade dadurch auszeichnen, dass keiner der Beteiligten anstrebt, die Hauptrolle einzunehmen, weil diese dem Paar zukommt.

Niemand träumt aber von Selbstbeschränkung, wenn unbegrenzte Vorstellungskraft besteht, und insofern ist wenig erwartbar, dass die innere Vorbereitung auf eine adäquate Beziehungsgestaltung in gleicher Weise gegeben ist wie die Auseinandersetzung damit, über andere triumphieren zu können, also die Befassung mit Durchsetzungsfähigkeit und individualisierter Ansehensmaximierung.

Grundsätzlich gilt, dass für eine Teilhabe an Gruppen (wie auch an Systemen) Regeln eingehalten werden müssen, wenn man nicht die Ausgrenzung riskieren will. Diese Regeln sind für eine sexualwissenschaftlich fundierte Anthropologie vor allem dann belangvoll, wenn damit Einschränkungen für die Inanspruchnahme des Immunisierungskontextes Intimität einhergehen können, etwa durch arrangierte Ehen oder Beschneidungsrituale (bis hin zu genitalen Verstümmelungen von Frauen), welche die Voraussetzungen für eine entspannte und hingabevolle körperliche Nähe und damit für syndyastische Erfüllung in der Beziehung zum individuellen Anderen verschlechtern, dafür aber die Integration in die Gruppe absichern. Je stärker die Frustration aus dem Immunisierungskontext Intimität, umso stärker die Suche nach

Kompensation und umso größer der Zustrom zu den Immunisierungskontexten Gruppe und System, die folglich ihren Einfluss einbüßen würden, wenn sie die syndyastische Erfüllung mit dem individuellen Anderen begünstigen würden.

Die genuine Funktion der Gruppe und des Systems, die beide für menschliche Gemeinschaften unabdingbar sind, wird dann übersteigert und in den Dienst kompensatorischer Bemühungen Einzelner genommen. Diese wiederum können das Gruppen- und Systemgeschehen in ihrem Sinne zu beeinflussen versuchen, was wiederum in Verbindung zu Persönlichkeitseigenschaften zu sehen ist, die besser oder schlechter geeignet sein können, die erträumten Hauptrollen in der Gruppe oder im System zu realisieren (vgl. Abschn. 3.2).

Bei der narzisstischen Persönlichkeitskonfiguration liegt beispielsweise eine starke Selbstbezogenheit und fehlende Empathie für Andere vor, was dazu führt, dass Immunisierungskontexte asymmetrisch ausgestaltet werden, weil narzisstisch konfigurierte Menschen andere für ihre Bewunderung benötigen, ohne dies zurückgeben zu können. Die innere Psychodynamik ist gekennzeichnet durch ein parallel bestehendes negatives und positives Selbstkonzept – die übersteigerte Selbstwahrnehmung dient zur Abwehr von negativen Selbstanteilen, das Manipulative, um sich die Selbstbestätigung zu holen. Dies ist der Hintergrund dafür, dass Menschen mit einer narzisstischen Persönlichkeitskonfiguration vor allem Interaktionsgestaltungen wählen, die ihnen Vorteile verschaffen und Ansehen vermitteln, wohinter die Anderen zurücktreten sollen.

Bemerkenswert ist, dass in Gruppenversuchen meist die narzisstischen Menschen zu Führern einer Gruppe ernannt werden. Das ist vor allem deshalb belangvoll, weil bei narzisstischen Individuen nur wenig Freiheitsgrade bestehen und die Auswirkungen für die Solidargemeinschaft sehr groß sein können. Durch Führungspositionen kann zudem ein Machtzuwachs erlangt werden, der wiederum persönlich und nicht gemeinschaftsdienlich ausgenutzt wird und darum für die Gruppe von Nachteil sein kann, was durch den Vorteil ausgeglichen wird, dass Führende jene Stärke aufweisen, die zur eigenen Absicherung und einem Zuwachs an Immunität beizutragen vermag. Diese Eigenschaft verlieren Führende, wenn sie Schwächen zeigen – was zu einem eigenständigen Impulsgeber werden und dann Hintergrund für überkompensatorische Machtdemonstrationen sein kann, die wiederum auf die Ängste der Führenden verweisen, ihre Macht verlieren zu können.

In einer besonders ausgeprägten Form wird dies beim Führerkult der nationalsozialistischen Ära in Deutschland ersichtlich. Dieser gipfelte darin, dass die Wehrpflichtigen ihren Eid nicht mehr auf die Verfassung und zum

Schutz des deutschen Volkes, sondern auf den Führer Adolf Hitler abzulegen hatten, mithin eine *explizite Führer-Immunisierung* installiert wurde. Dies zeigt zum einen, dass die Gemeinschaft sich das aufbürden ließ, und zum anderen, dass Hitler alles Erdenkliche unternahm, um seine Macht zu sichern, offenbar also – stetige Kehrseite eines Führer-Status – Sorge hatte, dass andere ihm diese streitig machen könnten.

Dies zeigt sich besonders eklatant anlässlich der Eliminierung der Führungsriege der Sturmabteilung (SA), jener paramilitärischen Kampforganisation der NSDAP, am 30. Juni 1934 (der sogenannte Röhm-Putsch), nachdem Hitler bereits von den Konservativen zum Reichskanzler gemacht worden war: Die Verhaftung von Ernst Röhm in einem Hotel in Bad Wiessee in den frühen Morgenstunden des 30. Juni übernahm Hitler als Reichskanzler(!) mit wenigen Gefolgsleuten selbst. Dies lässt sich eigentlich nur so erklären, dass er niemandem traute, sondern überall möglichen Verrat witterte und sich nicht sicher war, ob es ohne sein Beisein zur zielführenden Umsetzung dieser Maßnahme gekommen wäre. Hitler ist insofern ein Musterbeispiel für Diktatoren, welche schon deshalb zu Lebzeiten nicht ihren Machtanspruch aufgeben können, weil sie davon ausgehen müssen, dass nach einer Entmachtung ihre politische Immunität nicht mehr gegeben sein wird.

4.1 Der individuelle Andere: Immunisierungskontext Intimität

Die zentralen Inhalte aller Beziehungen zu einem individuellen Anderen, insbesondere von Liebesbeziehungen, sind die existenziellen und daher unverzichtbaren menschlichen *Grundbedürfnisse* bzw. Ur-Sehnsüchte nach Akzeptanz, Zugehörigkeit, Zuwendung, Nähe und Wärme, aus denen sich Geborgenheit und Sicherheit ergeben. Das Ausmaß ihrer Erfüllung bzw. Nichterfüllung bestimmt auf grundlegende Weise das Ausmaß an Lebens(un)zufriedenheit und Lebensqualität.

Sie werden dann besonders intensiv erlebt, wenn Annahme, Zuwendung, Zugehörigkeit, innere Verbundenheit etc. auch körperlich-sinnenhaft, d. h. durch die leibliche Begegnung „vollzogen" werden. Daher sind intime Beziehungen besonders geeignet, diese Inhalte zu vermitteln und zugleich zu erfüllen. Die neurobiologischen Anknüpfungspunkte dafür sind beim Menschen – wie bei allen sozialen Säugetieren – eine strukturelle Vorgegebenheit, um auf diese Weise biopsychosoziale Immunität aufzubauen. Aus dieser Programmierung auf Bindung folgt aber auch die Unmöglichkeit ihrer Neutralisierung: das Binden-Müssen (vgl. Abschn. 2.1).

Der individuelle Andere in der Kindheit
Eine Inanspruchnahme von Intimität ereignet sich regelhaft bei Schutz und Halt bietendem körperlichen Kontakt zu einem Kind, welcher bei Kummer oder Schmerz als erstes (hochwirksames) Heilmittel fungiert. Dabei vollziehen sich die dies ermöglichenden neurobiologischen Prozesse beidseitig automatisch – das Nähe-Suchen beim Schutzbietenden, dem man vertraut, und das Schutzbieten gegenüber dem Nächsten, der in Not ist.

Gleichwohl ist die Interaktion geknüpft an ein erforderliches Maß an Feinfühligkeit, um zum einen das Befinden des Säuglings wahrzunehmen und zum anderen dieses dann adäquat (und nicht gefärbt durch eigene Bedürfnisse) zu interpretieren sowie darauf prompt zu reagieren und zwar in angemessener Weise, indem der Säugling das erhält, was er benötigt. Diese „Angemessenheit" der Reaktion verändert sich mit der Entwicklung des Kindes (Grossmann und Grossmann 2012).

Dies macht bereits ersichtlich, wie fundamental die Erfahrungen sind, die jeder bereits im Säuglingsalter mit einem individuellen Anderen erwirbt, insbesondere, wenn dieser Andere kaum oder unzureichend zur Verfügung steht, was aus verschiedenen Gründen der Fall sein kann, beispielsweise durch eine depressive Erkrankung einer Bezugsperson oder eine neurologische Erkrankung des Säuglings. Dann ist die erforderliche Feinfühligkeit entweder weniger gegeben oder geht ins Leere, was das Vertrauen in das Gelingen von Beziehungen und damit die Beziehungsfähigkeit im weiteren Leben deutlich zu beeinträchtigen vermag.

Während aber beim Säugling das kognitive Entwicklungsniveau noch keine Fähigkeit zur Erfassung von Unterschieden und der Zeit-Dimension aufweist, ändert sich dies im zweiten und dritten Lebensjahr mit dem Erkennen von differenten Zuständen (etwa bezüglich der Geschlechtszugehörigkeit) und der Ausbildung von geistigen Repräsentationen eines Gegenstandes, was im Spielverhalten gut erkennbar wird, etwa wenn Bauklötze die verschiedensten Gegenstände repräsentieren können.

Noch im Vorschulalter (d. h. bis zum Alter von etwa 6 Jahren) verfügt das Kind dann über die ersten relationalen Begriffe wie „Menge" oder „größer als" und begreift Beziehungen in Raum und Zeit. Dies hat weitreichende Konsequenzen, denn beim Kind steigt das Verständnis für die *Anforderungen des sozialen Umfeldes mit der Einhaltung von Regeln im Zusammenleben*. Damit verbunden ist die Erkenntnis darüber, etwas falsch oder richtig gemacht zu haben, was die nur bei Menschen vorkommenden Schuld- und Schamgefühle erklärt, die hier ihren Entstehungspunkt haben und lebensüberdauernd ein fester Bestandteil der emotionalen Verarbeitung sein werden. Darüber hinaus beginnt in dieser Phase auch die Übernahme von Rolleninhalten, d. h. sich Gruppenerfordernissen anzupassen und sich *zu diesem Zweck anzupassen*, um den Rollenanforderungen gerecht zu werden und das sozial Erwünschte zu repräsentieren.

All dies ist belanglos für Bonobos: Sie empfinden weder Schuld noch Scham – gut daran erkennbar, dass sie sexuelle Handlungen voreinander durchführen und nicht abschirmen wie der Mensch. Der Grund ist die beim Menschen aufgrund seiner kognitiven Fähigkeiten ab dem Schulalter verstärkt einsetzende Bedeutungszuweisung für alles Erlebte: das Bewerten-Müssen (vgl. Abschn. 2.1).

In dieser Lebensphase zeigt sich das Dilemma zwischen dem Binden-Müssen und dem Bewerten-Müssen besonders unverstellt, wird aber zumeist als Ausdruck einer Kindheitsphase in seiner Tragweite nicht ausreichend gewürdigt. Sofern die kognitive Entwicklung die Erfassung der Zeit-Dimension für Kinder möglich gemacht hat, was spätestens beim Schuleintritt im Alter von 6 bis 7 Jahren der Fall ist, beginnen auch die Fantasiereisen über das, was man alles können möchte. Durch die Unbegrenztheit der Vorstellungskraft bereits in diesem Alter vermittelt die Fantasie dass man das alles bereits kann.

Diese Selbstüberschätzung aufgrund der Größenfantasien (die sich zeitlebens für Menschen darin äußert, die Hauptrolle spielen zu wollen) verknüpft sich beim Kind mit den beiden dargelegten Formen des Akzeptanzerlebens: einerseits der Gewissheit über die bedingungslose Bindung an die Elternfiguren im Sinne der temporären Aufhebung der Differenz durch körperliche Nähe (die das Kind im Krisenfall suchen wird) sowie der Akzeptanz durch Betonung der Differenz, nämlich in der (vermeintlichen) Überlegenheit gegenüber Anderen, was auch die Geschwister einbezieht und zu erbitterter Boshaftigkeit Anlass sein kann. Hier also zeigt sich das Bewerten-Müssen mit der Orientierung an dem, was Erwachsene können und man selber können möchte beziehungsweise in seinen Größenfantasien bereits zu können glaubt. Nur so erklärt sich, dass in Wettspielen mit Erwachsenen viele Kinder wirklich annehmen, besser zu sein als diese, und bitterlich enttäuscht sind, wenn sich dies nicht bewahrheitet.

Dies wird kulturell durch entsprechende Heldenfiguren gefördert, die über unbegrenzte Fähigkeiten verfügen und zu Vorbildern werden. Was sich in der Antike oder religiösen Kontexten über Helden- und Heiligenmythen verbreitet hat, wird im „Zeitalter der technischen Reproduzierbarkeit" (Walter Benjamin) über Kunstfiguren mit übernatürlichen Fähigkeiten („Supermann") in verschiedensten Verkaufsformen millionenfach zugänglich gemacht.

Dies lässt jedoch die Beziehung zum individuellen Anderen, bei dem aufgrund des Binden-Müssens weiterhin syndyastische Erfüllung gesucht wird, nicht unbeeinflusst. Es kommt zu fortlaufenden Bewertungen des Verhaltens von Bezugspersonen mit Blick auf die Frage der zu erwartenden Akzeptanz oder Ablehnung. Umgekehrt bewerten die Bezugspersonen das Verhalten des Kindes stetig, weil sie Vorstellungen haben, wie dieses bestenfalls sein sollte, und orientieren hieran ihre Erziehungsmaßnahmen.

Das ist ein Risiko für die unbefangene Inanspruchnahme körperlicher Nähe, etwa, wenn Schutzbedürftigkeit besteht, diese aber gegenüber den Eltern nicht zum Ausdruck gebracht werden will. Das kann dadurch der Fall sein, dass zugleich Schuldgefühle bestehen, etwa wenn das Kind einen Gegenstand beschädigt hat und Angst hat vor der Reaktion der Eltern: Dann unterlässt es das Kind womöglich, den benötigten Schutz zur Stressreduktion durch körperliche Annäherung zu initiieren.

Ab dem Schulalter bekommen dann die Gleichaltrigen zunehmend mehr Bedeutung und es erfolgt die – angestrebte – Integration in Gruppen, insbesondere im Freizeitbereich und dort vornehmlich im Sport. Hieraus resultieren neue Einflüsse auf Kinder, die sich von Gleichaltrigen besser verstanden fühlen und sich in ihren Empfindungen, z. B. bezüglich vermeintlich erlittenen Unrechts oder Benachteiligungen, solidarisieren. Somit entsteht ein wichtiger weiterer Immunisierungskontext durch den *kollektiven Anderen* (s. Abschn. 4.2), welcher die Abgrenzung von den familiären Bezugspersonen erhöht und die Wahrscheinlichkeit einer Realisierung der Suche nach syndyastischer Erfüllung im Familienkreis absenkt. Dies gilt insbesondere dann, wenn – wie bei den meisten – die (unrealistische) Hoffnung besteht, dass sich das syndyastische Begehren in dem neuen Immunisierungskontext Gruppe verwirklichen lässt.

Im Laufe der Pubertät erfolgen dann insofern erhebliche Veränderungen, als jetzt intime Beziehungen zu einem, nicht der Primärfamilie angehörenden, individuellen Anderen angestrebt werden, wobei die Manifestation der sexuellen Präferenzstruktur einen bedeutsamen Einflussfaktor dafür darstellt, ob diese als passende und positive Erfahrungen erlebt werden oder nicht. Das syndyastische Begehren verknüpft sich mit den sexuellen Bedürfnissen entsprechend der sexuellen Präferenzstruktur und auch diese Verbindung wird einer steten Bewertung unterzogen. Immer stärker zu berücksichtigen ist in dem Zusammenhang auch der Einfluss des Internets auf die sexuelle Entwicklung Jugendlicher, etwa bezüglich des Konsums von Pornografie, in der die Beziehung zum sexuellen Gegenüber ja gerade keine Rolle spielt, sondern der Andere austauschbar ist und lediglich der Steigerung sexueller Erregung dient, was zur Entstehung entsprechender (beziehungsloser) Sexualitätskonzepte beitragen kann (vgl. Abschn. 3.3).

Der individuelle Andere in der Paarbindung
Der Wunsch nach der Erfüllung der biopsychosozialen Grundbedürfnisse bleibt in jedem Fall weiterhin bestehen und spielt als Motiv für die Suche nach partnerschaftlichen Beziehungen eine zentrale, wenn auch wenig reflektierte Rolle. Umso weniger überraschend ist es, dass diesbezügliche Frustrationen zu Einschränkungen der partnerschaftlichen Sexualität führen, die sich konkret in sexuellen Funktionsstörungen äußern können, aber ebenso in den verschiedensten psychosomatischen Beeinträchtigungen. In diesen Fällen sind immer beide Partner involviert, selbst wenn es scheinbar nur einen Symptomträger gibt.

Hinzu kommt: Weil die Beziehung zum individuellen Anderen die gesuchte syndyastische Erfüllung besonders intensiv ermöglicht, sind die beteiligten Individuen die entscheidenden Faktoren für den Erfolg. Alles hängt davon ab, inwiefern sie in der Lage sind, sich in die Beziehung so einzubringen, dass eben jener überindividuelle Gewinn im Sinne einer zeitweisen Aufhebung der Differenz möglich wird, wofür, dafür aber eine *Selbstrücknahme zugunsten des Erlebens von Gemeinsamkeit* erforderlich ist. Dann resultiert Immunitätsstärkung.

Von vornherein keine syndyastische Erfüllung ist zu erwarten bei allen Arten ‚beziehungslos' gelebter Sexualität, wo zwar die Lustfunktion befriedigt werden kann, die Grundbedürfnisse aber unerfüllt bleiben (z. B. Pornografie, Prostitution, Surrogatpartner, ebenso anonymer Cyber-Sex bzw. der Ersatz realer durch virtuelle Beziehungen). Dies ändert aber nichts daran, dass gerade im Zusammenhang mit sexuellen Dienstleistungen die Kunden (in der Regel Männer) sich oft durch die Prostituierte das Gefühl des Angenommen-Werdens erhoffen und entsprechend ihre Sorgen und Nöte mitteilen, weil in ihrem sozialen Umfeld dafür offensichtlich keine geeigneten Ansprechpartner zur Verfügung stehen.

Andererseits gibt es Beispiele dafür, dass trotz einer als syndyastisch erfüllend empfundenen Partnerschaft ergänzend Gelegenheitssex gesucht wird, was zu partnerschaftlichen Konflikten führen kann, wenn die Vereinbarkeit mit der Beziehung unterschiedlich gesehen wird.

> **Fallbericht**
>
> Der 55-jährige Manager in der Tourismusbranche war seit 25 Jahren in fester Partnerschaft mit einem 2 Jahre älteren Mann. Vor 5 Jahren hatten sie geheiratet. Aufgrund einer HIV-Infektion vor einem Jahr hatte sich der Ehemann für eine räumliche Trennung entschieden, da er „Untreue" in der partnerschaftlichen Beziehung nicht zu akzeptieren vermochte. Die eheliche Sexualität sei für beide sehr erfüllend gewesen und deshalb sei nicht der Mangel an sexuellen Interaktionen innerhalb der Beziehung ihr Problem, sondern seine sexuellen Kontakte außerhalb der Beziehung gewesen. Diese wurden von dem Ehemann als beziehungsgefährdend und von ihm als „völlig unproblematisch" eingeschätzt. Dabei vertrat er die Auffassung, dass der Kontakt rein körperlich sei (die Partner seien „Fuck-Buddies"), also gerade nicht Ausdruck von Beziehung, während er seinen Ehemann ja liebe – das sei etwas völlig anderes. Dieser jedoch sei der Meinung, dass sich die Beziehung im Sexuellen fortsetze und dies folglich nicht voneinander zu trennen wäre.

Während sich also der Ehemann durch den individuellen Anderen (seinen Partner) aufgrund dessen Untreue auf der personalen Ebene nicht hinreichend akzeptiert fühlte, strebte der Andere Akzeptanz durch Gelegenheitssex an, wobei er sich von den (austauschbaren) Sexualpartnern die Rückmeldung erhoffte, potent zu sein, weil er sexuelle Kontakte funktionsungestört vollziehen konnte. Dies habe zu der Anerkennung geführt, die er gesucht hat, die jedoch nach dem Kontakt wieder verschwunden sei, weshalb er sich erneut auf die Suche nach einem „Fuck-Buddy" habe begeben müssen. Obwohl hier also intime Körperkontakte die entscheidende Verbindung zu Anderen darstellen, ist die Erfüllung der Grundbedürfnisse auf diese Weise offenbar nicht möglich, denn sie wird gesteuert durch den Selbstbeleg, funktional vollwertig zu sein, ist also Folge seiner Bewertungen für vermeintliche Eigenschaften männlicher Identität (hohe sexuelle Funktionsfähigkeit), die unabhängig von Beziehungen gesehen wird.

Auskünften von Menschen in Langzeitpartnerschaften zufolge ist die Qualität einer Intimbeziehung davon abhängig, ob die Partner sich authentisch begegnen, aufnahmefähig sind für den Anderen, sich in emotionaler Verbindung befinden und ein Austausch stattfindet, was dann eben ermöglicht, sich sexuell hinzugeben bzw. dem Anderen Raum zu eröffnen, sich selbst hinzugeben. Dies würde einem Phänomen den Weg bereiten, das sich als „Transzendenz" bezeichnen lässt, womit lediglich gemeint ist, dass offensichtlich ein überindividueller Effekt eintritt, den man nicht aus sich selbst heraus schöpfen kann (Kleinplatz et al. 2007). Dies erklärt zugleich, warum man durch Selbstbefriedigung zwar zu Orgasmen kommen kann, aber eben nicht zu Transzendenz, die sich auch nicht simulieren lässt. Darüber hinaus fällt auf, dass bei den von den Befragten in Langzeitpartnerschaften erwähnten Faktoren die sexuelle Funktionsfähigkeit keine vordergründige Erwähnung fand. Daraus lässt sich der Schluss ziehen, dass Erregungs- oder Orgasmusfähigkeit keine notwendigen Voraussetzung für das Erlangen einer sexuellen Beziehungszufriedenheit darstellt, sowie umgekehrt, dass bei einem Vorliegen ungestörter sexueller Funktionen sexuelle Zufriedenheit nicht garantiert ist, sofern nämlich die genannten anderen Faktoren nicht gegeben sind. Gleichwohl hängt es von der individuellen Entwicklung und Eigenschaften der Persönlichkeit ab, ob eine Offenheit für diese Prozesse besteht oder ob dies nicht der Fall ist.

> **Fallbericht**
>
> Die 33-jährige, attraktive Altenpflegerin schilderte sehr differenziert ihre primärfamiliäre Herkunftssituation dahin gehend, dass weder ihr selbst noch ihrer vier Jahre jüngeren Schwester „erlaubt" worden sei, Frau zu werden, sondern ihnen viel mehr die „Lebensphilosophie" der Eltern aufgezwungen wurde, in der Sexualität keine Rolle zu spielen habe. Die Mutter habe den Vater dominiert, der in einem Handwerkerberuf für den Familienunterhalt sorgte und „jeden Tag eine halbe Flasche Wodka" getrunken hätte. Eine Intimbeziehung hätten die beiden nicht gehabt. Die Mutter sei äußerst herrisch und genau so habe sie sich auch entwickelt, was – ähnlich wie bei der Schwester – Schwierigkeiten in der Beziehungsgestaltung zu Männern nach sich zog. Zwar habe sie stets die Auswahl gehabt, da sich Männer für sie interessierten, aber sie habe immer die falschen gewählt: „Muttersöhnchen" und „Geschichtenerzähler", die ihr eigenes Leben „nicht in den Griff" bekommen hätten. Das führe dazu, dass sie innerhalb von wenigen Wochen vollständig das Interesse verliere, was sich chronifiziert habe: Seit Jahren blocke sie Annäherungsversuche von Männern sofort ab. Dabei sei sie sexuell erlebnisfähig, könne allerdings Orgasmen nur durch Selbstbefriedigung erreichen: In der konkreten Intimsituation mit einem Mann fehlt ihr die Möglichkeit der Hingabe, weil sie keine Achtung vor dem Mann habe. Die aus therapeutischer Sicht eingebrachten Erläuterungen über funktionierende Beziehungen, in denen man stark und schwach sein können sollte, weil niemand – auch sie nicht – nur stark sein kann, empfand sie als wenig reizvolle Vorstellung und das Beziehungsmodell einer gegenseitigen Förderung, um am Anderen zu wachsen, schien ihr unvorstellbar. Gleichwohl war ihre Lebenszufriedenheit deutlich eingeschränkt und sie litt unter chronischen Unterbauchschmerzen.

Intimitätsdefizite

Wie aus einer bevölkerungsbasierten Untersuchung an Männern mit Erektionsstörungen (Schäfer et al. 2003) hervorgeht, zweifelt ein nicht unerheblicher Anteil von Männern an dem Fortbestand ihrer Partnerschaft, wenn in der Intimbeziehung die sexuellen Funktionen nicht regelhaft und ungestört zur Verfügung stehen. Sie stellen auch gegenteilige Äußerungen ihrer

Partnerinnen infrage und sind überzeugt, dass es sich um Beschwichtigungen handelt, die nur erfolgen, um beruhigend zu wirken und nicht noch mehr Erwartungsdruck aufzubauen. Erstaunlicherweise ist selbst bei sehr intelligenten Menschen häufig eine Sprachlosigkeit festzustellen und ein weitgehend fehlendes Verständnis für die Beziehungsdimension von Sexualität.

> **Fallbericht**
> Der Anfang 40-jährige Mediziner war seit 20 Jahren mit seiner Frau verheiratet, die halbtags als Architektin arbeitete. Die beiden hatten zwei noch schulpflichtige Kinder und waren authentisch dem Anderen jeweils „die Liebe meines Lebens". Seit einigen Jahren war aber ihre sexuelle Beziehung getrübt, wobei er die zunehmende Lustlosigkeit ihrerseits beklagte und im Übrigen bedauerte, sie nicht zum Orgasmus bringen zu können, was früher, zumindest gelegentlich, gelungen sei. Er befürchte daher, dass sie das Interesse an sexuellen Begegnungen verloren hätte, was er als „furchtbare Vorstellung" bezeichnete. In den Paargesprächen stellte sich heraus, dass sie weiterhin Interesse an intimen Kontakten hatte, sich aber durch seinen Wunsch, dass sie einen Orgasmus bekommen müsste, zunehmend unter Druck gesetzt fühlte und es als Gewinn ansah, in sexuellen Begegnungen mit ihm seinen Orgasmus zu befördern, ohne einen eigenen zu erleben. Der Ehemann, der dies als strategische Argumentation ansah, um ihn zu beruhigen, vermochte erst nach Erweiterung seines Sexualitätsverständnisses die in der Haltung seiner Ehefrau eingelagerte Beziehungsdimension nachzuvollziehen, worauf sich deren sexuelle Interaktionsebene zügig entspannte.

Was zunächst widersprüchlich klingen mag, ist doch der basale Mechanismus sozialer Prozesse: die Überwindung von Individualität und damit die Erweiterung individueller Begrenztheit durch das „Sich erkennen in einem Anderen" (Wilhelm von Humboldt, GS V: 197). Dabei handelt es sich um ein Entgegennehmen des Akzeptiert-Werdens durch den Anderen, ein Vorgang, der sich ereignet und nicht erzwungen werden kann. Die intensivste Form von Akzeptanz entsteht dadurch, dass in der intimen Begegnung mit dem Anderen – einem differenten geschlechtlichen Individuum – die Erfahrung authentischer Liebe gemacht werden kann.

Der Einfluss des individuellen Anderen im Immunisierungskontext Intimität ist also umso größer, wenn man gegenseitig in der Lage ist, dem Anderen aufrichtig und unverstellt entgegenzutreten und ihn zu nehmen, wie er ist, und nicht, wie man ihn haben möchte – und sich ihm gleichzeitig authentisch hinzugeben. Hierdurch kommt es zur temporären Aufhebung der Differenz.

Die Entfaltung eigener Potenziale ist nur in dem Maße möglich, wie Andere diese Entfaltung gewähren, woraus sich zwangsläufig ergibt, dass jeder von Beginn seines Lebens an Einschränkungen zu verarbeiten hat. Dies gilt selbst für den Fall, dass die Eltern die Kriterien der „Feinfühligkeit" erfüllen, also die Bedürfnisse des Kindes wahrnehmen, zutreffend interpretieren und prompt sowie angemessen darauf reagieren. Auch dann ist es nämlich unmöglich, dem Kind alle Freiheiten zur Selbstentfaltung zu gewähren, weshalb ein wichtiges Ziel jeder Erziehung das Erlernen von Selbstrücknahme darstellt. Da das Kind aber entsprechend der kognitiven Entwicklung diese Zusammenhänge bereits ab dem Vorschulalter weitgehend zu erfassen vermag, wird es unweigerlich ab diesem Zeitpunkt die unvermeidbaren Stress auslösenden Frustrationen durch das Erziehungsverhalten der Eltern emotional zu verarbeiten haben, und es liegt nahe, dass beispielsweise Verbote als Behinderung der eigenen Entfaltung empfunden und mit den Bezugspersonen entsprechend negative Bewertungen assoziiert werden.

Vorbehalte gegenüber Eltern, aber auch gegenüber Geschwisterkindern haben hier ihren Ursprung und sind prinzipiell nicht zu verhindern. Hierzu ein selbstbeobachtetes Beispiel:

Der 35-jährige Vater ist mit seinem 4-jährigen Sohn und der eineinhalbjährigen Tochter auf dem Spielplatz. Während der Sohn Verstecken spielen möchte, steuert die Tochter auf die Rutsche zu und versucht, die Leiter zu erklimmen, weshalb der Vater ihr mehr Beachtung schenkt, da er sie für absturzgefährdet hält. Er sichert also ihre Aktivitäten ab und kann sich nicht dem Sohn zuwenden. Dieser wird das notgedrungen hinnehmen, aber vor allem registrieren, dass der Vater für ihn keine Zeit hat und dies der Schwester geschuldet ist. Somit ist zu erwarten, dass negative Assoziationen gegenüber beiden abgespeichert werden.

Sollte der Junge in seinem weiteren Leben – in welchem Zusammenhang auch immer – in der Bewältigung von Aufgaben scheitern, ist es nicht unplausibel anzunehmen, dass genau diejenigen negativen Assoziationen in seinen Gedächtnisspeichern aktiviert werden, die ihm belegen, dass dies daran liegen dürfte, dass er von Anderen zu wenig Unterstützung erhalten hat. Seine psychosoziale Immunität wäre dann nicht in einer Weise gestärkt, welche eine konstruktivere Auseinandersetzung mit jenen Widrigkeiten des Lebens möglich gemacht hätte.

Vor allem biografische Misserfolge werden daher sehr schnell mit den primärfamiliären Immunisierungskontexten verknüpft. Wegen der großen Bedeutung des individuellen Anderen besteht so immer die Gefahr, diesem für die eigenen Schwierigkeiten Schuld zuzuweisen, um die eigene Verantwortung minimieren zu können. Beklagt werden können dann auch familiäre Konstellationen, von denen man sich benachteiligt fühlt.

Ist beispielsweise eines von drei Geschwisterkindern genau in jener Sportart, die die Eltern favorisieren, sehr gut (das mittlere Geschwisterkind gewinnt ständig Tennisturniere, während die beiden anderen sich für diese Sportart nicht sonderlich interessieren), dann steigt dessen Anerkennung durch die Eltern, was den anderen Geschwistern nicht verborgen bleibt und bei diesen zu Neid und Missgunst führen kann. Eine solche Konstellation ergibt sich auch häufig, wenn eines der Geschwister aufgrund einer körperlichen oder intellektuellen Einschränkung besonders viel Aufmerksamkeit benötigt. Das kann dann zwar rational von den anderen Geschwistern nachvollzogen, emotional aber als Benachteiligung empfunden werden.

Zudem vermögen die elterlichen Bezugspersonen als individuelle Andere auf die Bindungsbedürfnisse ihrer Kinder nur mit den ihnen zur Verfügung stehenden Voraussetzungen reagieren. Diese wiederum können durch das Erleben von Versagung in der eigenen Bindungshistorie gekennzeichnet sein, was zu Einschränkungen in der Kontaktgestaltung mit dem Kind führen kann, welches dieses dann mit einiger Wahrscheinlichkeit als Ablehnung bewerten wird.

Schließlich ist der nicht gerade seltene Fall zu beachten, dass die Bezugspersonen dem Kind Akzeptanz und damit die Erfüllung von Grundbedürfnissen weitgehend versagen, was zur Folge haben kann, dass das Kind sich als jemanden wahrnimmt, der diese Akzeptanz nicht verdient hat. Auch für das Kind ist es nämlich unmöglich, *nicht* zu bewerten, und insofern sucht es nach einer (vermeintlichen) passenden Erklärung, selbst wenn diese zu seinem Nachteil gerät.

Gleichwohl bleibt aufgrund der nicht abstellbaren Programmierung auf Bindung (d. h. das Binden-Müssen, vgl. Abschn. 2.3) das syndyastische Begehren bestehen, ist aber durch die negativen Beziehungserfahrungen nicht nur erschwert, sondern von vornherein mit stärkeren Zweifeln behaftet, ob die Suche zum Erfolg führen wird. Dies macht sich schließlich in besonderer Weise während der Jugendentwicklung geltend, wobei sich in dieser Phase die sexuelle Präferenzstruktur manifestiert, die eine weitere nicht aufhebbare Programmierung darstellt – nämlich die auf ein Sexualziel (s. Abschn. 3.3).

Die Jugendlichen suchen für die soziosexuelle Verwirklichung jetzt außerfamiliär authentische Akzeptanz durch einen individuellen Anderen – und zwar unter Einschluss der durch die körperliche Sexualentwicklung hinzugekommenen Möglichkeiten des Aufbaus von sexueller Erregung bis hin zum Erregungshöhepunkt. Diese gehören von nun an zur Ganzheit des Individuums, aber eben verkoppelt mit unterschiedlichen Sexualpräferenzen, die sich für die Jugendlichen in dieser Phase manifestieren. Es handelt sich nicht um bewusste Prozesse, in denen die Jugendlichen sich ein Sexualziel aussuchen, um sich dann zu bemühen, diesem nahezukommen, sondern der Motor ist auch hier die Akzeptanz und die Erfüllung der Grundbedürfnisse mit dem angestrebten Gefühl, „richtig" zu sein, was insbesondere dann erschwert sein kann, wenn eine sexuelle Präferenzbesonderheit besteht.

> **Fallbericht**
>
> Ein Mitte 40-jähriger Beamter berichtete von einem seit der Jugend bestehenden Stiefelfetischismus, der dazu führen würde, dass ihm die Wahrnehmung von Dienstverpflichtungen mit Publikumsverkehr mitunter erschwert sei – nämlich dann, wenn Besucher gerade jene Stiefel tragen, weil seit seiner Jugend eine starke Kopplung der Betrachtung von Stiefeln mit sexueller Erregung besteht. Er stammte aus einer kinderreichen Familie, die vollständig in die Arbeiten des landwirtschaftlichen Betriebs der Eltern eingebunden war („Schuften von morgens bis abends"). Im Alter von 12 hatte er den ersten Samenerguss, war aber an der Selbstbefriedigung durch die „ständige Anwesenheit von irgendeinem Geschwisterkind" gehindert. Er erinnere sich genau an den Moment, in dem sich die sexuelle Erregung verknüpfte mit den großen Arbeitsstiefeln, die in einem Vorraum standen, den er dann regelmäßig zur Selbstbefriedigung aufsuchte. Schon die Nähe zu den Stiefeln habe ihn in der Folge nicht nur in Anspannung versetzt, sondern auch ein Wohlgefühl erzeugt, eine innere Kopplung zwischen der Anwesenheit des Stiefels und einer tiefen Zufriedenheit. Erst später habe er sich über diese Kopplung gewundert, die sich dann aber als höchst stabil erwies.

Die hier beschriebenen Prozesse gehen insofern in die Identitätsbildung ein, als sie abhängig sind von Bindungserfahrungen, welche die Verwirklichung der vorliegenden sexuellen Ausrichtung erschweren oder erleichtern können und damit in unterschiedlichem Ausmaß zur Absicherung von Identität beitragen.

Im Fall des geschilderten Beamten mit dem Stiefelfetischismus war diesem nach seiner Auffassung die Aufnahme einer sexuellen Beziehung zu einer Frau unmöglich, weil sich sexuelle Erregung hierbei nicht einstellte, sondern diese ausschließlich in Verbindung mit dem Stiefel auftrat. Entsprechend groß war seine Verunsicherung und Ängstigung bei den wenigen Versuchen, soziosexuelle Kontakte zu realisieren, bei denen es stets zu Erektionsstörungen gekommen war. Die Wahrscheinlichkeit auf eine Erfüllung seiner biopsychosozialen Grundbedürfnisse sah er selbst als „äußerst gering", war aber in der Lage, seine Auffassung zu revidieren, dass dafür die sichere Erektionsfähigkeit unbedingte Voraussetzung sein würde.

Bei den verschiedenen Formen von Geschlechtsdiversität (einschließlich geschlechtsdysphorischer Symptombilder, d. h. von Stress, der von einer bestehenden Geschlechtsinkongruenz ausgeht) entstehen Intimitätsdefizite durch den Austausch des Individuums mit der Kultur und den Vorgaben für Geschlechterrollen, die als unpassend erlebt werden können: So wie man ist und wahrgenommen wird, möchte die Person nicht sein und nicht wahrgenommen werden. Hierdurch ist die authentische Hingabe in der eigenen Körperlichkeit erschwert und das kann bereits in der Kindheit beginnen, weil die Person ja nicht angenommen werden möchte in einem falschen Körper, das heißt zur Bindungsaufnahme negativ assoziiert, weil diese sich falsch anfühlt, was aufgrund des Bewerten-Müssens zwangsläufig erfolgt.

Intimität ist aber der wirkmächtigste Faktor für die Erlangung von biopsychosozialer Immunität: Sie ist der Ausgangspunkt für die Schaffung eines von jedem angestrebten Schutzraums, der psychosozial immunisiert gegen das Erleben von Schuld und Scham und biologisch die Abwehrkräfte durch positiv erlebte körperliche Nähe steigert. Entsprechend sind die Folgen des Fehlens eines solchen Schutzraumes biologisch (geringere Abwehr) und psychosozial (keine Absicherungsgefühle, stattdessen Empfindungen von Schuld und Ungenügen) – was die stärkere Zuwendung zu kompensierenden Immunitätskontexten (Gruppe, Systeme) nach sich zieht.

Abb. 4.1 verdeutlicht die möglichen Folgen einer unzureichenden syndyastischen Immunität aufgrund unerfüllter Grundbedürfnisse nach (auch körperlich vermittelter) Akzeptanz aufgrund einer zu geringen Inanspruchnahme des Immunisierungskontextes Intimität und die Verbesserung der Gesamt-Befindlichkeit durch paarbezogene Interventionen.

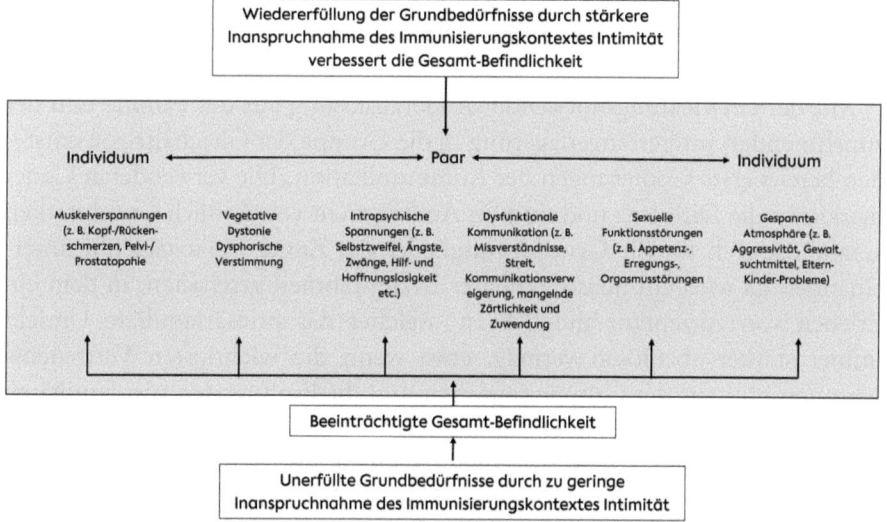

Abb. 4.1 Mögliche Folgen eingeschränkter syndyastischer Immunität

4.2 Der kollektive Andere: Immunisierungskontext Gruppe

In dem Moment, in dem außerfamiliäre Bezugspersonen im sozialen Kontext Bedeutung erlangen, erfolgt der Eintritt in Gruppen und damit der Austausch mit dem kollektiven Anderen. Meist ist dies bereits im Kindergarten der Fall, spätestens aber mit dem Schuleintritt ein fester Bestandteil im Leben jedes Einzelnen. Da in dieser Entwicklungsphase Differenzen und auch die Zeit-Dimension bereits erfasst werden können, ist die syndyastische Erfüllung im Kontakt mit den primären Bezugspersonen nur noch vermindert möglich (vgl. Abschn. 2.1), das syndyastische Begehren bleibt aber bestehen, weil es sich um eine innere neurobiologische Programmierung handelt, die sich nicht abschalten lässt.

Normgefüge der Gruppe
Der *kollektive Andere* greift dieses Bedürfnis insofern auf, als er ein Zugehörigkeitsgefühl vermittelt, das Schutz und Sicherheit verspricht. Er ermöglicht Akzeptanzerfahrungen – aber um den Preis der Einhaltung von Regeln. Maßgeblich ist nämlich, sich in das vorgefundene Normengefüge der kollektiven Identität derjenigen Gruppe, der man sich zugehörig fühlt, einzupassen, um die Vorzüge des Miteinanders in Anspruch nehmen zu können, andernfalls droht die Ausgrenzung. Dies fußt folglich auf einem *Erkennen und Bewerten von Differenzen*, nämlich bezüglich der Einhaltung und Nicht-Einhaltung dieser Normen. Dies gilt nach außen (externe Differenz) wie nach innen (interne Differenz). Akzeptanzerlebnisse sind daran gebunden.

Mit der entwicklungsnotwendigen Herauslösung aus der Familie und der zunehmenden Interessenverlagerung in die Gruppe der Gleichaltrigen entstehen bereits erste Codierungen der Kommunikation. Die verwendeten Codes markieren die Differenz und sind für Andere nicht verständlich – und stärken gerade dadurch für die Gruppenmitglieder das Zugehörigkeitsgefühl untereinander. Es wird ein quasi-familiärer Bezugsrahmen geschaffen, in dem ein Erleben von Akzeptanz möglich ist, welcher das primärfamiliäre Umfeld immer stärker abzulösen vermag, etwa wenn die wichtigsten Vertrauenspersonen nun aus der Gruppe stammen und ihr Einfluss den von familiären Bezugspersonen deutlich übersteigt.

Aber auch Vertrauenspersonen des kollektiven Anderen sind an die Einhaltung der bestehenden – die Gruppenidentität absichernden – Regularien gebunden. Das ist der verbindende gemeinsame Nenner. Daher ist das Erkennen und Beachten von Differenzen ein zentraler Bestandteil der Erlangung sozialer Wertschätzung durch den kollektiven Anderen (d. h. Betonung der Differenz), während die syndyastische Erfüllung in der Beziehung zum *individuellen Anderen* gerade durch die temporäre Aufhebung der Differenz ermöglicht wird (vgl. Kap. 5).

Die Verbindung zum kollektiven Anderen wird durch die Gegnerschaft zu anderen Gruppierungen erhöht, was wiederum nach Regularien erfolgt, welche formeller Art sein können (wie im Sport), aber teilweise auch auf Absprachen basieren (z. B. über „erlaubte Waffen" bei gewalttätigen Auseinandersetzungen zwischen „Straßengangs"). Das Kerngeschehen ist hier dadurch gekennzeichnet, dass der Andere „geschlagen" werden muss – nur die Totalität, mit der das geschieht, unterscheidet sich. Gefestigt wird die Identität der Gruppe in jedem Fall – im Falle des Sieges genauso wie bei einer Niederlage. Man steht füreinander ein, komme was wolle. Der kollektive Andere würde seine Bedeutung verlieren, wenn er dieses Gefühl nicht mehr vermitteln könnte. Er würde nicht mehr anknüpfen können an die Suche nach der Erfüllung psychosozialer Grundbedürfnisse und damit die stets angestrebte verstärkte Immunität: Die Folge wäre die Zuwendung zu einer anderen Gruppe, welche diese Funktion erfüllt.

Vorgaben für das Bewerten-Müssen
Für eine sexualwissenschaftlich begründete Anthropologie ist der kollektive Andere vor allem dahin gehend von Interesse, als durch dessen Vorgaben für das Bewerten-Müssen Einschränkungen des Immunisierungskontextes Intimität resultieren können. Diese bestehen beispielsweise in einer verringerten Auswahl von Bezugspersonen für Intimität, weil Angehörige anderer Gruppen weniger in Betracht kommen, da diese sich an die Vorgaben für das Bewerten-Müssen nicht zu halten haben. Damit ist zugleich das *Immunisierungsparadox* beschrieben: Die Zugehörigkeit zur Gruppe wird zwar zur Immunitätsstärkung angestrebt, welche aber im Immunisierungskontext Intimität zu einer diesbezüglichen Schwächung führen kann (vgl. Abschn. 2.3). Dies geschieht durch Vorgaben für das Bewerten-Müssen.

Der kollektive Andere vermittelt das Gefühl der Zugehörigkeit nicht nur durch die jeweils geltenden formellen oder informellen Ordnungsprinzipien, sondern auch durch deren Überwachung – die Einzelnen müssen insofern ein angepasstes Bild von sich nach außen darstellen. Sie müssen in vergleichbarer Weise Bewertungen vornehmen, sich diese zu eigen machen und reproduzieren. Wer dabei sein möchte, muss sich diesen Bewertungen unterordnen – diese dürfen nicht infrage gestellt werden, denn sie definieren den Immunisierungskontext und diktieren die Teilnahmebedingungen: *Psycho-*

soziale Immunität und den Schutzraum der Gruppe genießt nur derjenige, der die von der Gruppe vorgegebenen Bedingungen erfüllt.

Wer dabei ist, erhält die Chance, sich mit dem Einbringen eigener Leistungen und Fähigkeiten – im Sinne der Betonung von (dann interner) Differenz – als bedeutsam für die Gruppe zu erleben und von dieser Anerkennung zu erhalten, z. B. durch einen herausragenden sportlichen Sieg, den die Gruppe dann für sich – gegenüber anderen Gruppen – reklamiert (externe Differenz). Individuelle Besonderheiten werden nur mitgeteilt, wenn die Verbindung gemeinsamer Werte dadurch nicht bedroht wird. Sollten diese Besonderheiten gegen diese gemeinsamen Werte verstoßen, dann erfolgt für sie auch keine Öffnung, weder von dem, der sie aufweist, noch von denjenigen, die sie entgegennehmen könnten.

Im Gegenteil: Es kommt zur Verbergung von Hinweisen, die zeigen könnten, dass die geforderte Unterordnung unter die Gruppenregeln nicht vollständig mitgetragen wird – eben aus der Sorge vor dem dann befürchteten Ausschluss und dem Verlust jenes schutzbietenden Immunitätskontextes. Die Abschirmung kann auch individuelle (unabänderliche) Eigenschaften betreffen, welche die Zugehörigkeit zu einer (von der Gruppe abgelehnten) Minorität kennzeichnen. Dies kann zum Beispiel eine gleichgeschlechtliche Orientierung sein, wenn davon ausgegangen werden muss, dass der kollektive Andere diese Eigenschaft ablehnt (was beispielsweise im Profi-Fußball ausweislich verschiedener Selbstberichte nach Abschluss der Karriere ersichtlich wird). Das kann sogar zur Folge haben, dass die Betroffenen besonders hervorheben, die von der Majorität bejahte Eigenschaft (in dem Fall eine gegengeschlechtliche sexuelle Orientierung) aufzuweisen, begeben sich also umso mehr in die geforderte Rolle und verstellen sich, um der sozial erwünschten Norm zu entsprechen.

Der motivationale Hintergrund ist stets das Bedürfnis nach schützender Immunität, sozialer Wertschätzung und Zugehörigkeit, was umso mehr für diejenigen zu erwarten ist, welche sich regelkonform dem kollektiven Anderen unterstellen und damit die Voraussetzung schaffen, von den übrigen Gesellschaftsmitgliedern als wertvoll anerkannt zu werden. Die Regularien des kollektiven Anderen können auch richtungsweisende Weichenstellungen für das weitere Leben betreffen, etwa Partnerwahl und Eheschließung, nämlich wenn eine Verbindung zu Angehörigen anderer Gruppen nicht möglich ist.

Das indische Kastensystem zeigt eindrucksvoll, dass der Immunisierungskontext der eigenen Kaste durch die Entwertung der darunter liegenden Kaste gefestigt wird – und demzufolge eine eheliche Verbindung nur in der eigenen Kaste in Betracht zu ziehen ist, weil man andernfalls die eigene Kaste ja entwerten würde. Das Ganze endet bei den Kastenlosen, die gar keinen Wert haben (sogenannte „Dalits"). Darüber hinaus erfolgen innerhalb der Kasten die Eheschließungen arrangiert – folglich sind die Einschränkungen für eine syndyastische Erfüllung durch einen *individuellen Anderen* (vgl. Abschn. 4.1) erheblich: Die sehr wahrscheinliche Frustration der biopsychosozialen Grundbedürfnisse hat wiederum zur Folge, die ersehnte Akzeptanz durch den kollektiven Anderen verstärkt erhalten zu wollen, d. h. die jeweilige Kaste strukturell zu festigen. Schließlich kann es Forderungen nach körperverändernden Maßnahmen geben, welche die Zugehörigkeit zur Gruppe in unabänderlicher Weise zum Ausdruck bringen sollen: von Tattoos über Lippen- und Ohrenmodifikationen bis hin zu genitalen Beschneidungen.

Durch die Einbettung in definierte kulturelle Werte wird also ein Referenzsystem geschaffen, in dem die Gruppenangehörigen auf die Erfüllung ihrer Grundbedürfnisse nach Annahme, Sicherheit und Schutz hoffen, weil ihnen der kollektive Andere Immunität und dadurch Schutz gewährt und damit eine sozial stabilisierende Funktion übernimmt. Dass hierdurch das syndyastische Begehren nicht in Erfüllung gehen wird, erschließt sich nicht unmittelbar und ist daher nur wenigen hinreichend klar.

Man fühlt sich einer spezifischen Gruppierung zugehörig und begegnet allen Anderen, die sich ihr ebenfalls zugehörig fühlen, mit Wertschätzung, so, wie einem selbst von diesen Wertschätzung entgegengebracht wird. Dabei entstehen unweigerlich Kriterien dafür, wer nicht dazugehört und von der Gruppe auszuschließen ist, also diese Wertschätzung nicht (mehr) in Anspruch nehmen kann, mit anderen Worten, wer weniger wert und als *Abtrünniger* zu behandeln ist. Diese Person genießt dann keine Immunität mehr, ist nicht mehr „befreit" und gegen die Unbill des Lebens „gefeit" – sondern diesem wieder schutzlos ausgeliefert.

Da hierfür das Erkennen von Differenzen aber gerade erforderlich ist, kommt den kognitiven Fähigkeiten des Menschen die entscheidende Bedeutung zu und wird genutzt, um zumindest frustrierte psychosoziale Grundbedürfnisse zu kompensieren, wodurch aber nicht jene Erlebnisintensität erreicht werden kann, die sich aus der Beziehung zu einem *individuellen Anderen* ergeben könnte. Hier ist es nämlich umgekehrt – das Erkennen von Differenzen tritt durch die temporäre Aufhebung der Differenz in Momenten der intimen Verbundenheit mit dem individuellen Anderen zurück und ermöglicht syndyastische Erfüllung durch unbefangene körperliche Nähe in der leiblichen Begegnung und der daraus folgenden Stress-, Angst- und Aggressionsreduktion der Beteiligten. Dies begünstigt die Stärkung von psychosozialer und biologischer Immunität.

Dieses Dilemma beschreibt Goethe in seinem „Faust", der die vom teuflischen Verführer Mephistopheles in Aussicht gestellten neuen Erkenntnisse

("Ich gebe dir, was noch kein Mensch gesehen") – mithin die Betonung der Differenz und seiner Überlegenheit über andere Menschen (unter anderem darüber, „was die Welt im Innersten zusammenhält") – höher bewertet als die Liebe Gretchens. Diese hatte sich gegen den einengenden gesellschaftlichen Rahmen (nämlich religiöse Dogmen und familiäre Erwartungen) aufgelehnt, um die Liebesbeziehung zu Faust einzugehen.

In Goethes Tragödie wird am Ende Gretchen, mit der die syndyastische Erfüllung für Faust zu Lebzeiten möglich gewesen wäre, wegen Kindestötung hingerichtet. Die Verbindung zu Faust, die im gemeinsamen Kind ihren verleiblichten Ausdruck hätte finden können („Mein Kind hab' ich ertränkt. War es nicht mir und dir geschenkt?"), war für immer verloren, wie die „Kerkerszene" offenbart („Nah war der Freund, jetzt ist er weit"). Gretchen „graut" es vor Faust und seiner Kumpanei mit Mephistopheles, der Faust von ihr wegzieht, während sie im sicheren Tod wenigstens die Aussicht auf die göttliche Liebe sieht („Dein bin ich, Vater! Rette mich! Ihr Engel! Ihr heiligen Scharen, lagert euch umher, mich zu bewahren!").

4.3 Der institutionelle Andere: Immunisierungskontext System

Im Immunisierungskontext Gruppe kennt der Einzelnen mindestens eine gewisse Anzahl der Gruppenangehörigen persönlich und die Überwachung der Gruppenregeln erfolgt auch auf einer persönlichen Ebene. In der Beziehung zum *institutionellen Anderen* – und damit im Immunisierungskontext System – ist dagegen eine dem übergeordnete Ebene gegeben, da das Regelwerk alle dem System zugehörigen Personen umfasst und damit alle Formen von Zusammenschlüssen, also auch Gruppen. Im System sind Funktionen vorgesehen und (prinzipiell austauschbare) Beauftragte, welche diese erfüllen sollen. Sie übernehmen eine definierte Rolle und üben diese auf der Grundlage ihnen verliehener Befugnisse aus – eine persönliche Bezugnahme ist nicht erforderlich.

Die Regeln des institutionellen Anderen gelten für den individuellen und den kollektiven Anderen und ihre Überwachung erfolgt durch dafür eingerichtete Instanzen. Dabei ist die Aufnahme in den Immunisierungskontext System durch Eigenschaften vorgegeben, etwa die Zugehörigkeit zu einer Nationalität oder zu einer Religion. Individuen und Gruppen können allein durch das Aufweisen dieser Eigenschaft den Schutz des Systems in Anspruch nehmen, wobei vorausgesetzt wird, dass sie sich den bestehenden Regularien unterstellen. Mit Blick darauf gibt es Definitionen normkonformen Verhaltens, die sich auch aus den Sanktionen herleiten lassen, die für abweichendes Verhalten vorgesehen sind. Das gilt für religiöse wie für rechtliche Systeme. Das maßgebliche Kennzeichen ist die *Repression sozial unerwünschten Verhaltens* und dafür muss das System sich auf die kognitiven Fähigkeiten der Beteiligten beziehen können: Versteht ein dem System Zugehöriger die Regeln nicht, etwa aufgrund einer gravierenden Intelligenzminderung, dann wird die Repression aufgrund einer eingeschränkten oder sogar aufgehobenen Schuldfähigkeit in den Hintergrund rücken und – zumindest in den meisten Systemen – an deren Stelle eine Asylierung treten, welche Verhaltensauffälligkeiten neutralisieren soll (z. B. durch Unterbringung in einer Institution mit erhöhter sozialer Kontrolle).

Verstöße gegen Regeln werden vom institutionellen Anderen nicht informell, sondern formalisiert geahndet, führen also zu offiziellen Konsequenzen, die öffentlich bekannt gegeben werden. Das kann den Ausschluss aus dem System beinhalten, meist temporär (Inhaftierung), aber auch vollständig (Exilierung, Hinrichtung). Im Gegensatz zum kollektiven Anderen ist folglich die Zugriffsmöglichkeit auf die Individuen durch erheblich mehr Macht gekennzeichnet, denen diejenigen, welche mit der Einhaltung der Regeln beauftragt sind, grundsätzlich ebenso unterliegen, was aber durch Machtmissbrauch umgangen werden kann und häufig wird.

Für eine sexualwissenschaftlich fundierte Anthropologie ist der institutionelle Andere vor allem dadurch belangvoll, dass in seinen Regelwerken Einschränkungen für die Inanspruchnahme des Immunisierungskontextes Intimität entweder festgeschrieben sind (etwa bezüglich der Kriminalisierung gleichgeschlechtlicher Lebensweisen) oder aber Schutzmechanismen zur freien Entfaltung von Intimität gerade nicht vorgesehen sind (etwa die fehlende Strafbarkeit der Vergewaltigung in der Ehe).

Religiöse Systeme
Durch den Glauben an eine göttliche Instanz, deren Existenz von den Gläubigen einer Religionsgemeinschaft als gegeben angesehen wird, stellen religiöse Systeme einen überaus wirkungsvollen Immunisierungskontext dar, da der *institutionelle Andere* über unbegrenzte Macht verfügt und deshalb grundsätzlich für den Schutz und die Sicherheit sorgen kann, die jeder sich im Leben erhofft. In den abrahamitischen Religionen steht hierfür das Paradies, in dem die biopsychosozialen Grundbedürfnisse vollständig erfüllt sind, zumindest bis zu dem Zeitpunkt, als Adam und Eva von den verbotenen Früchten des „Baumes der Erkenntnis" gegessen haben, wofür – ein Werk des Teufels – die Zuflüsterung der Schlange gesorgt hat.

Dies hat zur Folge, dass die Macht der göttlichen Instanz für die Gläubigen zum wichtigsten Bezugspunkt werden kann und die *Bedeutung des individuellen und des kollektiven Anderen erheblich übersteigt*, deren Funktionen dann gegebenenfalls nur eingeschränkt nutzbar sein können. Ihre extremste Form ist der „Ehrenmord", also die Tötung eines Familienmitgliedes, das sich nicht an die Regeln gehalten hat.

Priorität ist das Führen eines „gottesfürchtigen" Lebens, also die Befolgung der Verhaltensregeln religiöser Gemeinschaften, die meist klar definiert sind, mitunter aber auch Auslegungen ermöglichen. Nur wenn man sich diesen unterstellt, entsteht für die Gläubigen die Chance auf Annahme durch die Gottheit und damit die Aussicht auf dessen Fürsorge und Schutz – mithin Immunität –, die über den Tod hinausreicht (d. h. die Wiederaufnahme in das Paradies).

Daran ändert nichts, dass die Überlieferung dieser Regeln durch Menschen erfolgt, weil von diesen angenommen wird, dass sie in einem besonders engen Verhältnis zur Gottheit stehen (oder standen). Dies gilt beispielsweise für die Jünger von Jesus Christus, welche (alles Männer) die Worte der (männlichen) Gottheit in die Welt trugen, während Frauen vor allem durch ihre reproduktiven Potenziale mit dem Göttlichen in Verbindung gebracht wurden. Hierfür steht die „unbefleckte Empfängnis", welche die Fortpflanzung ohne Intimität idealisiert.

Über allem thront aber die unangreifbare höchste Instanz, nämlich Gott selbst, der mit göttlichen Gesetzen regiert, die noch dazu den Charakter der Unfehlbarkeit aufweisen.

Dies ist das Musterbeispiel des *institutionellen Anderen*, der Akzeptanz geben oder nehmen kann. Von allen Gläubigen wird erwartet, dass sie sich der Gottheit und deren Regeln unterwerfen. Dabei ist deren Macht so stark, dass sie in jeden einzelnen Gläubigen hineinsehen kann und demzufolge erkennt, ob dieser sich an die Regeln hält oder nicht. Das ist der Hintergrund der Selbstüberwachung und der daraus resultierenden Schuldgefühle, die dann im Gebet oder der Beichte gegenüber der göttlichen Instanz zur Sprache kommen, um auf diese Weise Entlastung zu erlangen. Hier ergibt sich die menschliche Differenz daraus, wer der Gottheit (vermeintlich) am nächsten ist (Heilige).

Immer finden sich Regularien bezüglich des sexuellen Erlebens und Verhaltens, nämlich mit Verboten (z. B. für Masturbation) und Geboten (z. B. für Geschlechtsverkehr zu Fortpflanzungszwecken), was der Vielfalt menschlicher Sexualität nicht gerecht wird und eine erhebliche Erschwernis für die Suche nach syndyastischer Erfüllung durch die Beziehung zu einem *individuellen Anderen* sein kann. Dies betrifft auch die Schwierigkeiten, die sich für

4 Akzeptanz – Was schützt uns?

Menschen mit Präferenzbesonderheiten ergeben können, wenn sie den Regularien folgen möchten, es aber nur sehr begrenzt können.

Dabei gibt es religiöse Systeme, die versuchen, für sexuelle Minoritäten soziale Empfangsräume zu schaffen. Ein Beispiel hierfür ist die Religion der Mapuche, ein indigenes Volk im Süden Chiles, welches von den spanischen Konquistadoren nie besiegt wurde und einer religiösen Missionierung entging.

Aus Sicht der Mapuche ist der Kosmos gelenkt durch das Zusammenspiel männlicher und weiblicher Kräfte, die als gleichberechtigt angesehen werden, weshalb kein einzelner (männlicher) Gott, sondern eine Paargottheit (genannt „Ngynichen") verehrt wird. Besteht bei Mitgliedern der Gemeinschaft keine normkonforme Einnahme der männlichen oder weiblichen Geschlechtsrolle (auffallend z. B. durch atypisches Spielverhalten im Kindesalter, oder – bei anzunehmender gleichgeschlechtlicher Orientierung – kein Interesse an sexuellen Beziehungen mit Angehörigen des Gegengeschlechts), dann erfahren sie bei den Mapuche eine Aufwertung durch Zuordnung in die Schamanenkaste der „Machi", denen eine größere Nähe zur Paargottheit, also zu den sowohl männlichen als auch weiblichen Kräften des Kosmos, zugeschrieben wird. Sie sind von der Gottheit Begünstigte und besonders immun. Dadurch haben Machis eine gehobene Stellung in der Gemeinschaft und viele von ihnen übernehmen Vermittlerfunktionen zum Göttlichen, etwa durch Leitung von kultischen Festen oder als Heilkundige.

Interessanterweise verneinen die Mapuche, dass es in ihrem Volk gleichgeschlechtlich orientierte Menschen geben könnte, was den Schluss nahelegt, dass für diese durch die Zuordnung zu den Machis ein eigener sozialer Status geschaffen wurde: Sie haben ‚Sonderrechte' und bewegen sich außerhalb der sonst allgemein geltenden Regeln, sind aber sehr geachtet und – das gilt sowohl für die männlichen als auch für die weiblichen „Machis" – gut in die Gemeinschaft integriert (vgl. Bacigalupo 2007). Niemand nimmt Anstoß, wenn sie keine Ehen schließen, niemand beanstandet den gewählten Kleidungsstil, der dem des Gegengeschlechts entsprechen kann, also über das „cross-dressing" das Ausleben der gegengeschlechtlichen Rolle möglich macht, was sonst von den Mapuche scharf sanktioniert und zur Ausgrenzung aus der Gemeinschaft führen würde. Dies zeigt die Immunitätsstärke der Machis mit allen erdenklichen „Freiheiten" in der Gemeinschaft.

Da es keinen Grund zu der Annahme gibt, dass sexuelle Präferenzbesonderheiten, aber auch geschlechtsinkongruentes Erleben im Sinne eines Unbehagens gegenüber dem eigenen Geschlecht und dem Zugehörigkeitsgefühl zum anderen Geschlecht in anderen Kulturen nicht vorkommen sollten, dürfte mit der Schamanen-Kaste der „Machis" von den Mapuche ein sozialer

Status geschaffen worden sein, der nicht nur die Ausgrenzung sexueller und geschlechtlicher Minoritäten verhindert, sondern diesen sogar eine Aufwertung zuteilwerden lässt. Andererseits bleiben aber die entsprechenden sexuellen Besonderheiten unbenannt und werden damit nicht explizit Teil der Kultur, sondern einer höheren Bestimmung zugeordnet, welche in der Verbindung zur Gottheit gesehen wird (Bacigalupo 2007).

Gleichwohl wird erkennbar, dass religiöse Systeme offensichtlich in irgendeiner Weise auf das sexuelle Erleben und das geschlechtliche Empfinden der Gläubigen eingehen und dieses in einen Verhaltenskodex einbetten, der allerdings sehr unterschiedlich sein kann.

Hinsichtlich der gleichgeschlechtlichen sexuellen Orientierung – von der Häufigkeit her eine sexuelle Minorität und anthropologisch eine Normvariante menschlicher Sexualität – reicht das Spektrum von einer mit Aufwertung verbundenen Integration in die Glaubensgemeinschaft (wie bei den Mapuche, allerdings bezogen auf die Nähe zur Gottheit und nicht auf die bestehende Normvariante) bis hin zur Verdammung wie in anderen Religionen (etwa dem Christentum und dem Islam), weil sie als Ausdruck von Sünde angesehen wird und entsprechend zu sanktionieren ist.

Unterschiedlich kann dann das Ausmaß der Repressivität bzw. der Ausstoßungsmechanismen für diejenigen sein, die sich nicht regelkonform einordnen. Der mit dem eigenen Glauben verknüpfte Anspruch kann so groß sein, dass andere Religionen bekämpft werden, die sich dieser Ordnung nicht unterwerfen wollen (Religionskriege). Dabei ist eine Vernichtung des anderen religiösen Systems intendiert, da dieses ja gerade durch die vorgenommene Entwertung („Ungläubige") auch perspektivisch als gleichberechtigt nicht in Betracht kommt.

Der motivationale Hintergrund der Gläubigen ist der Wunsch nach Akzeptanz und Angenommen-Werden durch die Gottheit, die erlangt werden kann, wenn den Regeln gefolgt wird, die von den religiösen Autoritäten verkündet und Hintergrund von deren Rechtsprechung sind. Religiöse Systeme erhalten folglich ihre Macht dadurch, dass sie Anschlussstellen für die Suche des Menschen nach Immunität im Sinne einer Erfüllung ihrer Grundbedürfnisse nach Sicherheit, Schutz und Geborgenheit liefern, was allerdings nur bedingt gelingen kann, wenn sie die Vielfalt der menschlichen Sexualität nicht einzubetten vermögen. Gegebenenfalls können alle sexuellen Interaktionen, die nicht auf die sexuelle Fortpflanzung zielen, als nicht vereinbar mit der jeweiligen religiösen Lehre angesehen und stigmatisiert werden. Hieraus ergibt sich zwangsläufig, dass die in der sexuellen Identität verankerten, individuell unterschiedlichen Ansprechbarkeiten, die sich nicht mit den Vorgaben des institutionellen Anderen in Deckung bringen lassen, Befürchtungen auf Ablehnung durch die Gemeinschaft nach sich ziehen können und umso mehr Mechanismen in Gang setzen, die ihre Bindung an diese garantieren.

Um also die Fürsorge und Akzeptanz der göttlichen Instanz nicht zu verlieren, werden die unliebsamen Erlebensanteile zu minimieren versucht und die Regularien in verstärkter Form verteidigt, weil anderweitig die Ausgrenzung aus der Gruppe – mithin ein Verlust an Immunität – droht. Die zugewiesene Rolle wird umso entschiedener übernommen und die Rollenmerkmale verteidigt, auch um den Preis einer besonders starken Verstellung, die allerdings in Gruppen und Systemen prinzipiell unvermeidbar ist.

> **Fallbericht**
>
> Der 42-jährige katholische Priester war in seiner Gemeinde überaus angesehen. Er stammte aus einer kinderreichen Familie und ist unter beengten wirtschaftlichen Verhältnissen aufgewachsen. Er fühlte sich von seinen Eltern, die sehr stolz auf ihn waren, stets geliebt und hatte ein gutes Verhältnis zu allen Geschwistern. Bereits im Alter von 12 Jahren habe er sich entschlossen, Priester zu werden, und durch die Vermittlung eines Onkels eine kirchliche Internatsschule besuchen können, die er als „ideale Vorbereitung auf das Priesteramt" empfand. Er bezeichnete sich selbst als „leidenschaftlicher Hirte", der immer für seine Gemeinde da sei und alle Pflichten gerne übernommen habe. Die Wertschätzung der Gemeindemitglieder war jedoch schnell verbraucht, als öffentlich wurde, dass er wegen der Nutzung von Missbrauchsabbildungen zu einer Geldstrafe verurteilt worden war, nachdem auf seinem Computer Nackt- und sogenannte „Posingbilder" von vorpubertären Jungen gefunden worden waren. Zwar räumte er im Rahmen der Begutachtung ein, dass er zu diesen auch masturbiert habe, bestand aber weiterhin darauf, sexuell auf Frauen orientiert zu sein – andernfalls hätte er den Bischof bei der „Priesterweihe" ja über sich getäuscht, was er nie tun würde.
>
> Im Konfirmandenunterricht war er von Eltern gebeten worden, auf das Thema „Homosexualität" einzugehen, was er ablehnte, weil dies „widernatürlich" sei und die Jugendlichen „nur auf falsche Ideen" bringen könnte. Der Mensch sei in der Lage, mit „Willenskraft" seine Sexualität so zu steuern, wie das von der göttlichen Natur vorgesehen sei. Dies wolle er im Unterricht gerne vermitteln. Auch war seine Erklärung für die Nutzung der bei ihm gefundenen Missbrauchsabbildungen von Jungen, dass er offenbar selbst noch einen zu „schwachen Willen" habe und seine zukünftige Aufgabe wäre, in „Exerzitien" diese „Willenskraft" zu erlangen.

Der Priester hatte sich „ganz bewusst" für das Zölibat entschieden (welches für das Pastoral qualifiziert), nämlich den Verzicht auf die Ehe um einer bestimmten Lebensaufgabe willen (1 Kor 7,7 f.), die auf eine besondere Sorge „um des Herrn Sache" und damit auf eine besondere Beziehung zu Gott verweist, der höchste Priorität im eigenen Leben eingeräumt wird: die wie jede

Beziehung auf Anerkennung, Vertrauen und Offenheit fußt (der Unverheiratete will „dem Herrn gefallen", der Verheiratete will „der Frau gefallen").

Diese Prinzipien werden aber verletzt, wenn Kennzeichen der Individualität verborgen werden oder unzutreffend zur Darstellung gelangen, was der Fall ist bei unzureichendem (Selbst-)Aufschluss über die eigene (auch sexuelle) Identität. Insofern wäre grundsätzlich anzustreben, dass ein zölibatär lebender Geistlicher über seine sexuelle Präferenzstruktur im Bilde ist und diese jedenfalls nicht in seiner Beziehung zu Gott verstellt oder gar zu überspielen versucht. Bei gegebenenfalls vorliegenden Präferenzbesonderheiten wird er diese aber erst dann (vor sich selbst und vor Gott) offenlegen, wenn er keinen Anlass zu der Annahme hat, in diesem Fall seinen Platz in der Glaubensgemeinschaft und damit die darin erfahrene Immunität zu verlieren (Beier 2013).

Eine derartige Ausgrenzung ist nämlich in der Beziehung zum Herrn bzw. zu Jesus Christus gerade nicht zu erwarten, da „der Herr die Seinen kennt" (2 Tim 2,19) bzw. Jesus „sie alle" kannte und wusste, „was im Menschen war" (Joh 2, 24–25). Ein Verschleiern ist also zwecklos. Der Herr kennt nicht nur die Vielfalt der Menschen (und damit auch die vielfältigen Erscheinungsformen menschlicher Sexualität), sondern schließt alle in seine Liebe ein und „bleibt" dann im Menschen, wenn dieser ebenso liebt (1. Joh. 4,12), und zwar „nicht [...] mit Worten noch mit der Zunge, sondern mit der Tat und mit der Wahrheit" (1. Joh 3,18), mithin authentisch in Beziehung tritt und nicht durch Entstellung wahrer Tatsachen.

Hier nun wird ein zentraler Widerspruch deutlich: Einerseits verlangt ein System (wie auch eine Gruppe), dass für alle Individuen allgemein geltende Regularien befolgt werden, andererseits besteht der Anspruch, allen Individuen gerecht werden zu wollen. Genau dieser Widerspruch aber ist nicht wirklich auflösbar und scheitert an eben jener Ungewissheit über das Jenseits – also den postmortalen Zustand, der ja nur als Folge der menschenspezifischen Fähigkeit, die Zeit-Dimension erfassen zu können, seine beunruhigende Kraft für die Lebenden entfaltet. Hier nun machen die Erlöserreligionen konkrete Vorgaben für dasjenige Verhalten, welches eine günstigere Aussicht auf die Weiterexistenz im Jenseits zu geben vermag: nämlich im Himmel (d. h. dem Paradies) und nicht in der Hölle zu enden.

Der katholische Katechismus benennt hierzu Sünden unterschiedlichen Schweregrades und Möglichkeiten zur Vergebung durch das Bußsakrament und die Absolution. Hierin liegt der Schlüssel zum Jenseits im Himmel (also in nächster Nähe zu Gott), denn wer ohne vollkommene Reue und Buße stirbt, hat diese Aussicht nicht und muss mit Höllenstrafen rechnen. Dies hat bei gläubigen Menschen zur Folge, dass die Anforderungen an ein gottgefälliges Verhalten (unter möglichster Vermeidung der Sünden nach der klassischen Theologie: Hochmut, Geiz, Wollust, Zorn, Völlerei, Neid, Faulheit) beziehungsweise die Reue bei sündigem Verhalten Gegenstand fortlaufender Bewertungen werden und dies eben auch das sexuelle Erleben und Verhalten einschließt.

Bedenkt man die enge Auslegung der Wollust, wonach Ehebruch bereits in der Fantasie beginnt („Ich aber sage euch: Wer eine Frau auch nur lüstern ansieht, hat in seinem Herzen schon Ehebruch mit ihr begangen. Wenn dich dein rechtes Auge zum Bösen verführt, dann reiß es aus und wirf es weg! Denn es ist besser für dich, dass eines deiner Glieder verloren geht, als dass dein ganzer Leib in die Hölle geworfen wird"; Matthäus 5, 26–30), dann ist die Aussicht, aus diesen Bewertungszusammenhängen heraustreten zu können und in der intimen Intersubjektivität gegenseitige Hingabe zu erfahren, denkbar gering. Vielmehr werden der nicht abzustellende Wunsch nach syndyastischer Erfüllung und die Sehnsucht nach schutzbietender Immunität von religiösen Systemen in die Aussicht auf eine solche Sicherheit und Halt gewährende Verbindung zu Gott verlagert, woraus sich dann eine religiöse Transzendenz ergeben kann, die aber eben nur die Seele betrifft und nicht den Körper (der ja beim Tod für jeden ersichtlich zurückgelassen wird, während die Seele – nach Auffassung der Gläubigen – weiterlebt).

Betrachtet man beispielsweise die überlieferten Ausführungen des Franz von Assisi (1181/82–1226) über die „wahre und vollkommene Freude", dann wird auf verblüffende Weise deutlich, dass sich für ihn offenbar ein immunitätsstiftender Moment eröffnet hat – auch wenn dieser nicht auf die leibliche Kommunikation rekurriert, sondern auf die seelische Verbindung zu Gott. So belegt sein Bericht zwar genau jenes „Jammertal des Diesseits" (Schopenhauer), markiert aber doch den Überstieg in den göttlichen Immunisierungskontext, in dem Differenzen keine Bedeutung haben.

In der Erzählung, die Eingang in die berühmten „Fioretti" von Franz von Assisi gefunden hat und für die als Gewährsmann „Bruder Leonard von Assisi" gilt, heißt es: „Was aber ist die wahre Freude? Ich kehre von Perugia zurück und in tiefer Nacht komme ich hierher und es ist Winterszeit, schmutzig und so kalt, dass die kalten Wassertropfen am Saum des Habits gefrieren und immer an die Schienbeine schlagen und das Blut aus diesen Wunden fließt. Und völlig in Schmutz und Eis komme ich zur Pforte und nachdem ich lange geklopft und gerufen habe, kommt der Bruder und fragt ‚Wer ist da?' Ich antworte: ‚Bruder Franziskus' und er sagt: ‚Geh fort! Es ist nicht die schickliche Zeit auszugehen. Du kommst nicht herein.' Und auf weiteres Drängen antwortete er: ‚Geh weg! Du bist der nämliche einfältige und ungebildete Mensch. Du kommst auf keinen Fall zu uns. Wir sind so viele und von solcher Art, dass wir dich nicht brauchen.' Und ich stehe wiederum an der Pforte und sage ‚Um der Liebe Gottes Willen. Nehmt mich auf in dieser Nacht!' Und jener antwortete ‚Das werde ich nicht tun. Geh zur Niederlassung der Kreuzträger und bitte dort.' Ich sage dir, wenn ich Geduld habe und nicht erregt werde, dass darin die wahre Freude ist und die wahre Tugend und das Heil der Seele" (Franz von Assisi 1927).

Was Franz von Assisi hier darlegt, ist der Zusammenhang von frustrierten Grundbedürfnissen mit einer sehr weitgehenden schroffen Ablehnung durch andere (die als „Nicht-Akzeptanz" durch den hartherzig abweisenden Klosterbruder sogar offen ausgesprochen wird) und einem geduldigen Gleichmut als Reaktion, welche die Differenz aufhebt, indem sie nicht zum Gegenstand innerer Aufruhr, sondern zum Gegenstand der Negation wird, worin Franz von Assisi das „Heil der Seele" sieht, die „wahre und vollkommene Freude". Dabei ist klar, dass ihm die Beziehung zu Gott eben jene Kraft verleiht, die ihm ermöglicht, „über den Dingen" zu stehen.

Die ersehnte bedingungslose Liebe erfährt Franz von Assisi aus seiner – nur durch seine kognitiven Fähigkeiten möglichen – Verbindung zu Gott, die keine reale leibliche Verbindung ist, sondern eine geistige Beziehung darstellt, welche jedoch zum Zentrum der Vorstellungswelt und damit zur emotionalen Heimat wird, die über den irdischen Dingen des Daseins angesiedelt ist.

Eine ähnliche Lebenswirklichkeit ist dem englischen Stophentext „Jesus' blood never failed me yet" zu entnehmen, die auf einer Schleife eines unbekannten Obdachlosen basiert, der eine solche Strophe gesungen hat (möglicherweise in Erinnerung an den Refrain eines Gospelgesangs von James M. Black, der 1911 veröffentlicht wurde), die dann Grundlage einer Komposition von Gavin Bryars aus dem Jahr 1971 wurde. Die komplette Strophe lautet:

> „Jesus' blood never failed me yet
> Never failed me yet
> Jesus' blood never failed me yet
> This one thing I know
> That He loves me so."

Es ist die bedingungslose Liebe des Gotteskindes Jesus, die hier besungen wird und durch alle Widrigkeiten des Lebens trägt, d. h. Immunität verschafft.

Durch den fehlenden Körperkontakt einer solchen geistigen Beziehung kommt es aber nicht zu den neurobiologischen Umschaltprozessen, die durch den Hautkontakt ausgelöst würden. Bemerkenswerterweise ist im Christentum hierfür ein „Ersatz" geschaffen worden, nämlich mit dem Abendmahl, bei dem der geopferte Sohn Gottes in einer symbolischen Handlung immer wieder aufs Neue verzehrt wird und die leibliche Vereinigung insinuiert („Nehmet, esset, das ist mein Leib"; 1. Kor. 11,24).

Für den Gläubigen hält die Verbindung über den Tod hinaus und bezieht sich auf den postmortalen Zustand einer Vereinigung im Himmel. Hierin liegt der entscheidende Machtmechanismus religiöser Systeme: Die angestrebte Sicherheit bzw. Immunität ist durch den Glauben erreichbar und damit an die Regeln geknüpft, die definieren, was den Gläubigen ausmacht. Diejenigen, die diese Regeln auslegen, haben nicht nur die größte Macht im religiösen System, sondern sie dienen der Aufrechterhaltung des Systems, wofür sie aufgrund ihrer zugewiesenen Rolle legitimiert sind, da sie lediglich eine Funktion erfüllen und prinzipiell austauschbar sind. Eine solche Rollendefinition gibt es auch für den obersten Geistlichen der katholischen Kirche als „Stellvertreter Gottes" und seine „Unfehlbarkeit", die mit menschlicher Existenz ja per se nicht vereinbar ist.

Rechtliche Systeme
Das Aufstellen von Regeln und das Überwachen von deren Einhaltung auf der Grundlage eines Katalogs von Sanktionen ist das maßgebliche Kennzeichen von rechtlichen Systemen. In undemokratischen Rechtssystemen ist dies auch der Fall, indem die Führenden Privilegien erhalten (die sie zum Unterwerfen berechtigen), wobei die Vergabekriterien wiederum reguliert sind und kontrolliert werden. Ein Beispiel dafür ist die Erbfolge und die Übertragung der Privilegien auf Blutsverwandte in definierter Reihenfolge, wofür in Königshäusern eigene „Erbmeister" eingesetzt wurden, um diese Vorgänge zu überwachen.

Je stärker aber das Abrücken von Clans und Königshäusern durch Demokratisierungsprozesse wurde, umso mehr war ein eigenständiges Rechtssystem erforderlich, das aber letztlich dem gleichen Zweck dient: der Bewahrung eines systemischen Immunisierungskontextes, auf den die Mitglieder einer Gemeinschaft vertrauen können, weil die Einhaltung der Ordnung durch das Recht und die sie ausübenden Instanzen gewährleistet ist. Dies ist nicht nur ein Schutz vor Willkür, sondern der *institutionelle Andere* wird im Bedarfsfalle durch seine Beauftragten Recht sprechen, dem sich dann alle unterzuordnen haben. Dies ermöglicht, Akzeptanz zu erlangen – nämlich, wenn man Recht zugesprochen bekommt.

Rechtssysteme entfalten ihre Kraft aber nur, wenn das Recht auch durchgesetzt wird. Wenn Verhaltensweisen unter Strafe gestellt werden, es aber niemanden gibt, der Regelverstöße feststellt und gegebenenfalls sanktioniert, dann nutzt die Rechtsordnung wenig.

So ist in Indien zur Verhinderung sexuellen Kindesmissbrauchs im Jahre 2012 ein Gesetz erlassen worden, wonach jeder, der Kenntnis von einem sexuellen Übergriff auf ein Kind erlangt, dies den Behörden melden muss. Das tut allerdings praktisch niemand, obschon von einem relativ häufigen Vorkommen sexuellen Kindesmissbrauchs in Indien auszugehen ist (es liegt bei deutlich über 20 % für beide Geschlechter). Der Grund dafür ist, dass durch die Anzeige und damit ein Öffentlichwerden des Missbrauchs das Ansehen der Familie geschädigt wäre und die Heiratschancen der Mädchen rapide sinken würden. Mit anderen Worten: Durch die Einhaltung der Regeln des Systems, des *institutionellen Anderen*, würde die von der Gruppe, dem *kollektiven Anderen*, verliehene Immunität verloren gehen.

Die Rechtsordnung einer Zivilgesellschaft kann im Konflikt mit religiösen Ordnungssystemen stehen, sodass wiederum zu regeln ist, welches Recht zur Anwendung gelangt. So sind in einem allgemeinen Rechtssystem „Ehrenmorde" als Straftaten zu verfolgen – kulturelle und religiöse Tatmotive sind diesbezüglich irrelevant. Auch der sexuelle Kindesmissbrauch durch Angehörige kirchlicher Institutionen sollte nicht deshalb einer Strafverfolgung entgehen, weil dies dem Ruf der Institution schaden könnte.

Ein wichtiger Unterschied zwischen den religiösen und den rechtlichen Systemen besteht darin, dass nicht eine göttliche Instanz, sondern eine Gesellschaft den Bezugsrahmen vorgibt, der rekonstruierbar und durch Rechtsreformen anpassungsfähig ist. Auch konzentrieren sich rechtliche Systeme auf Tatbestandsfeststellungen; Fantasien und „sündige Gedanken" werden nicht sanktioniert. Allerdings kommen rechtliche und religiöse Systeme auch miteinander verknüpft vor (Gottesstaat, Scharia).

Zudem gibt es im weltweiten Vergleich viele Rechtssysteme, die beispielsweise gleichgeschlechtliche Handlungen unter Strafe stellen, folglich einen Ausgrenzungsmechanismus vorsehen, der – bis zu einer Strafrechtsreform – als Ausdruck der gesellschaftlichen Verfasstheit in dieser Hinsicht gesehen werden muss und verdeutlicht, dass die Vielfalt menschlicher Sexualität überwiegend nicht als rechtlich schutzwürdiges Gut angesehen wird, somit also die Rahmenbedingungen für die Erfüllung der existenziellen Grundbedürfnisse nicht für alle dem Rechtssystem Zugehörigen in gleicher Weise abgesichert sind und eine Gewährung von schützender Immunität nicht für alle gleichermaßen gilt.

Dieser Mangel betrifft insbesondere Frauen, deren Schutz körperlicher Unversehrtheit in vielen nationalen Judikativen erhebliche Lücken aufweist. So wurde die Vergewaltigung in der Ehe in Deutschland erst im Jahre 1997 unter Strafe gestellt, in vielen Ländern ist sie weiterhin straffrei. Um Forderungen nach entsprechenden Strafrechtsänderungen zurückzuweisen, wird meist eingewandt, dass der Staat sich „aus dem ehelichen Intimleben herauszuhalten" habe. Ein die Frauen systematisch benachteiligendes Eheverständnis findet sich beispielsweise in dem kolonialistisch geprägten Rechtssystem Indiens mit seinen 1,4 Mrd. Einwohnern (d. h. der mittlerweile bevölkerungsreichste Staat der Erde), wo erzwungene sexuelle Handlungen zum Nachteil der Ehefrau straffrei sind. Hinzu kommen gesellschaftliche Benachteiligungen von Frauen, die ihren Entfaltungsraum einengen, was auch ihre partnerschaftliche und sexuelle Verwirklichung betrifft, die strenger Aufsicht unterlegen sind und mit entsprechender Selbstzensur verbunden sein können.

Fallbericht

Die 27-jährige Sozialarbeiterin hatte im Alter von 18 Jahren ihr Heimatland (arabischer Kulturkreis) verlassen, weil sie sich dort als Frau eingeengt fühlte und sich frei entfalten wollte. Sie habe bereits im Kindesalter mit der Selbstbefriedigung begonnen und sei dafür von der Mutter zurechtgewiesen worden, habe aber in der Jugend weiter masturbiert, was sie neben den angestrebten lustvollen Erfahrungen mit der Warnung der Mutter verband, in die Hölle zu kommen. Da soziosexuelle Erfahrungen vor einer Eheschließung aus religiösen Gründen ausgeschlossen waren, sie aber gleichzeitig sexuellen Nötigungen durch Männer in ihrer Umgebung ausgesetzt war, verließ sie unmittelbar nach Erlangung der Hochschulreife ihr Elternhaus, um in Deutschland zu studieren.

Hier hatte sie mit verschiedenen Männern sexuelle Erfahrungen gesammelt, aber von Beginn an Schmerzen beim Geschlechtsverkehr, die sich zunehmend intensivierten. Mittlerweile verspüre sie tagsüber und fast ständig genitale Schmerzen.

Aus ihrer Sicht sei das mit einem inneren Konflikt verbunden, der gelöst werden müsste: Ihre Familie habe ihr signalisiert, dass sie den Kontakt mit ihr unwiderruflich abbrechen würde, wenn sie sich mit einem Mann einlasse, der sich nicht dem Islam zugehörig fühle. Sie habe schon viele Vermittlungsangebote zur Eheschließung mit „arabischen Männern" abgelehnt. Sie „hasse diese allesamt", nicht zuletzt wegen der körperlichen Züchtigungen, die sie erfahren musste – sie sei sowohl vom Vater als auch vom älteren Bruder regelmäßig geschlagen worden.

Sie selbst habe sich völlig entfernt von „irgendwelchen religiösen Bestimmungen" und sich nach Ankunft in Deutschland vermeintlich frei gefühlt, aber dann diese Schmerzsymptomatik entwickelt. Jetzt verhindere „ihr Körper", dass sie sich sexuell „frei ausleben" könne. Sie wolle schmerzfrei sein, um ihr Leben genießen zu können, und sie wolle auch eine Partnerschaft mit Männern eingehen dürfen, die nicht ihrem Kulturkreis angehören. Der letzte deutsche Freund, mit dem sie eine Partnerschaft eingegangen war, habe sich von ihr getrennt, weil er meinte, dass er mit ihrer Depressivität nicht umgehen können – das sei zu viel für ihn und da müsse sie ihm leider recht geben. Sie sagte, sie brauche „einen Freund", deshalb organisiere sie regelmäßig Treffen über „Dating-Apps", sie brauche jemanden „zum Kuscheln" – wenn es „mit dem Sex nicht klappe", käme es zumindest zu Hautkontakt und der sei für sie wichtig.

Wenn ein Rechtssystem dazu beitragen würde, dass alle Menschen in ihrer Vielfalt in den Stand gesetzt werden, sich diejenigen Menschen aussuchen zu können, mit denen sie angstfrei intime Beziehungen gestalten möchten, dann wären die Voraussetzungen geschaffen, dass die Erlangung biopsychosozialer Immunität in weitaus größerem Maße für viele Menschen möglich wäre. Die dann mögliche intime Intersubjektivität ohne Schuld und Schamgefühle vermag, stressreduzierend sowie angst- und aggressionsmindernd zu wirken, und dient damit der Gesundheit der unmittelbar Beteiligten.

Eine solche – aus Sicht der Individuen wünschenswerte – rechtliche Aufwertung der Immunität durch Intimität ist für das System allerdings mit dem Nachteil verbunden, dass sie zu einer Abschwächung der – im gegenteiligen (üblichen) Fall resultierenden – Frustration und daraus folgender Suche nach kompensatorischer Immunität führen würde, die im System durch den institutionellen Anderen gewährt werden kann. Das System mit seinen Leistungs- und Belohnungsanreizen als Ausdruck von Anerkennung würde an Macht einbüßen und Fliehkräfte aus dem System würden zunehmen.

Dabei ist zu bedenken, dass Rechtsordnungen auch dazu dienen, Handlungen einzudämmen, welche die Gesellschaft schädigen können. Hegel hat in seinem Konzept der absoluten Sittlichkeit das Verbrechen als maßgeblichen gesellschaftsbedrohenden Faktor ausgewiesen – mit der Konsequenz, dass die Rechtssubjekte vor Verbrechen geschützt werden müssen, denn von der Integrität der Rechtssubjekte hänge der Funktionszustand der Gemeinschaft ab (s. Kap. 2). Zu verhindern ist beispielsweise, dass das gesellschaftliche Zusammenleben durch das „Recht des Stärkeren" zur Durchsetzung eigener Interessen dominiert wäre. Dieser Gefahr lässt sich nur mit rechtlichen Systemen und der Durchsetzung ihrer Ordnung begegnen. Hierfür benötigen sie Macht, die gleichzeitig dem Erhalt des Systems dient und insofern von den Zugehörigen des Systems, die sich dieser Macht unterstellen (müssen), mitgetragen wird.

Gemessen an einem wichtigen Indikator für den Zustand eines gesellschaftlichen Systems, nämlich der Qualität ihrer Schutzmechanismen für Kinder, ist dieses Ziel in weiter Ferne. Während nämlich die Bonobos das Verhältnis von aggressiven zu bindungsfördernden Verhaltensweisen optimal austariert haben und infolgedessen – im Gegensatz zu den Schimpansen – bei ihnen Kindstötungen bisher nicht beschrieben wurden, hat sich bei den Menschen dieses Verhältnis eindeutig zu Ungunsten der Kinder entwickelt, die in großer Anzahl Opfer sexueller und auch aggressiver Handlungen einschließlich Tötungen geworden sind und weiterhin werden.

Dies ist auch Folge der Verschiebung einer Erlangung von Immunität durch Intimität in Immunisierungskontexte, die den Anspruch erheben, Immunität auch ohne intime Intersubjektivität gewähren zu können. Dies ist aber nur bedingt möglich und verzichtet auf die Vorteile der immunitätsstärkenden körperlichen Nähe einverständlicher intimer Begegnungen, die folglich Gegenstand rechtlicher Absicherung werden müsste.

5

Gesundheit durch Beziehung

Inhaltsverzeichnis

5.1 Universelle Prävention.. 115
5.2 Selektive Prävention.. 116
5.3 Indikative Prävention.. 118
5.4 Immunisierung durch Künstliche Intelligenz... 120

Die Suche nach Annahme hat der estnisch-US-amerikanische Psychobiologe Jaak Panksepp als „erste Sucht" bezeichnet und in eindrucksvollen Versuchen zeigen können, dass sich die Separationsangst von Küken, die von den Muttertieren getrennt werden, durch Opiate reduzieren lässt, wobei die körpereigenen Endorphine die stärkste Wirkung zeigten (Panksepp et al. 1980). Mit anderen Worten: Die Stimulation der verfügbaren Neurotransmittersysteme durch externe Substanzen, die *sonst durch den Körperkontakt ausgelöst wird*, ruft das ersehnte Gefühl der *körperlichen Verbundenheit* hervor und erklärt zugleich, warum der fortgesetzte Substanzmissbrauch einen hohen Anreiz darstellt, insbesondere wenn eine lang anhaltende syndyastische Frustration zu kompensieren ist.

Unter suchtmedizinischen Aspekten ist dies eine riskante Entscheidung, weil dadurch das neurobiologisch angelegte Opiatsystem innerlich nicht mehr stimuliert wird und sich auf eine externe Zufuhr einstellt, was zu Gewöhnungseffekten führt – und mithin zu einer Veränderung der Ausgangssituation, die sich vom natürlichen Zustand immer weiter entfernt.

Wesentlich sinnvoller ist es, die „suchtartige" Suche nach Annahme durch eine „natürliche Droge" zu stillen, nämlich durch die Beziehung zum bedeutsamen Anderen („syndyastikós" im Sinne von Aristoteles), was im geglückten Fall die biopsychosoziale Immunität gleich zweier Individuen zu stärken vermag. Dieser Fall tritt dann ein, wenn es durch intersubjektive Intimität gelingt, die Differenz zwischen den Individuen temporär aufzuheben und authentische Akzeptanz in körperlicher Annahme durch den anderen zu erleben.

Sofern Menschen diese grundlegenden positiven Bindungserfahrungen machen konnten und darauf vertrauen, sie erneut machen zu können, verliert das Immunisierungsparadox an Dynamik (vgl. Abschn. 2.3), welches anderenfalls daraus resultiert, dass in Gruppen und Systemen (der „polis" im Sinne von Aristoteles) ein Immunisierungskontext gegeben ist, der *die Betonung der Differenz fördert und nicht deren temporäre Aufhebung.*

Letzteres hat für die Gemeinschaft Vorteile, beispielsweise indem eine besondere fachliche Expertise eine große Hilfe für viele darstellt, welche aber nur durch die Differenz zur durchschnittlichen Qualifikation ersichtlich wird und sich entsprechend von dieser abhebt. Dieses Prinzip gilt auch für den Sport und die Motivation für Höchstleistungen, die sich umstandslos mit der unbegrenzten Fantasietätigkeit des Menschen in Einklang bringen lassen – eben sich gegenüber anderen behaupten zu können.

Die Akzeptanz durch Differenz (mithin als Individuum die Hauptrolle einzunehmen), unterscheidet sich kategorial von der Akzeptanz durch Aufhebung der Differenz, weil hier die Individuen Teil einer Paargemeinschaft sind, welcher die Hauptrolle zukommt (hinter die der Einzelne zurücktritt).

Hinzu kommt, dass sich die syndyastische Immunität durch Aufhebung der Differenz im Rahmen einer intimen Beziehung, die sich durch körperliche Annahme vollzieht, nicht ersetzen lässt durch die politische Immunität, welche durch Betonung der Differenz innerhalb von Gruppen und Gesellschaften als Folge des Erkennens und Anerkennens entsteht. Beides kann sich ergänzen und dies wäre auch die wünschenswerte Perspektive für jeden.

Wenn tatsächlich – wie hier vielfach dargelegt – die Beziehung zu einem bedeutsamen Anderen derartig stark über neurobiologische Prozesse auf die Gesundheit Einfluss nehmen sollte, stellt sich die Frage, warum der Mensch nicht wie alle anderen sozial organisierten Säugetiere davon effektiven und nachhaltigen Gebrauch macht, sich also stärker konzentriert auf die Herstellung und Ausgestaltung von persönlichen Beziehungen, insbesondere intimen Beziehungen, um auf diese Weise seine Immunität durch Intimität zu stärken. Denn wenn er ohnehin durch das Binden-Müssen stets auf der Suche nach Bindungen ist (vgl. Abschn. 2.1), erstaunt doch, dass er diese – wenn sie zustande kommen – häufig nur eingeschränkt zu nutzen versteht.

Dies hängt mit dem „Bewerten-Müssen" zusammen, also den fortlaufenden Evaluationen und Bedeutungszuweisungen zu allem, was ihm widerfährt und damit auch bezüglich seiner Bindungserfahrungen (vgl. Abschn. 2.2). Dabei sind Letztere seiner unbegrenzten Vorstellungskraft ausgesetzt – als Folge seiner kognitiven Fähigkeiten, insbesondere der Erfassung der Zeit-Dimension. In der Fantasie kann der Mensch sich alles vorstellen: Das tut er entsprechend und wählt hier immer die Hauptrollen, also innere Inszenierungen, in denen er sich gegen andere durchsetzt und in Konkurrenzsituationen anderen überlegen ist – also die Differenz betont (vgl. Abb. 5.1).

Abb. 5.1 zeigt die unterschiedlichen Voraussetzungen und Auswirkungen in der Bindung zu einem bedeutsamen Anderen (syndyastikós) und der Bindung an Gruppen und Systeme (pólis). Die Annahme durch körperliche Nähe und daraus möglich werdender Resilienz- und Gesundheitsstärkung hängt ab von der Fähigkeit der Individuen zur Selbstrücknahme um ein überindividuelles, gemeinsames Erleben (syndyastikós) zu fördern. Im Gegensatz dazu ist in Gruppen und Systemen (pólis) die soziale Anerkennung durch Selbststilisierung und Selbstüberschätzung stärker zu erwarten, was sich verknüpft mit den kognitiven Fähigkeiten des Menschen und seinen scheinbar unbegrenzten Vorstellungsmöglichkeiten.

In dem Zusammenhang ist beachtenswert, dass die kulturelle Entwicklung der Gegenwartssprachen keine unterstützende Grammatik mehr verfügbar hält, um die an die Zweiheit gekoppelten Empfindungen und Gefühle auch sprachlich zu vermitteln. Dass dies nicht immer so gewesen ist, verdanken wir den Sprachforschungen Wilhelm von Humboldts, der die menschliche Sprache als „Tätigkeit" ansah – als ein Möglichkeitsfeld für die Ver-

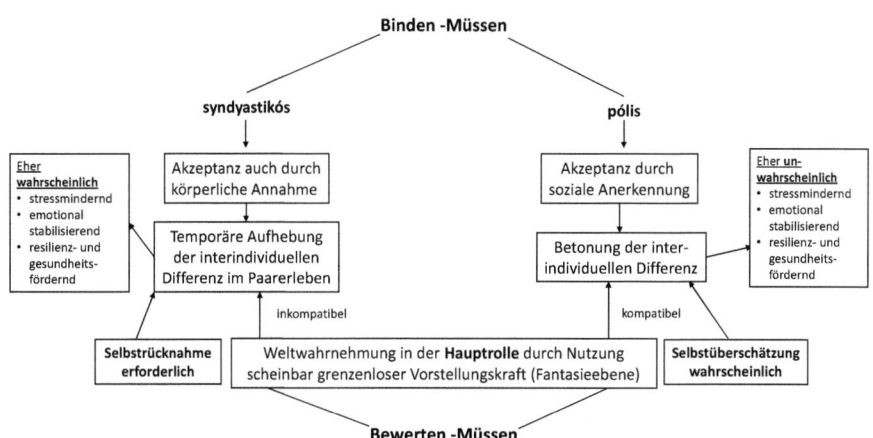

Abb. 5.1 Unterschiedliche Struktur der Bindung zu einem bedeutsamen Anderen (syndyastikós) und der Bindung an Gruppen und Systeme (pólis)

wirklichung der inneren Kräfte durch die Kommunikation mit dem Anderen. In seiner Akademierede „Über den Dualis" (1827; s. Humboldt GS VI/1: S 4–30) wies er auf jene grammatikalische Unterkategorie des Numerus hin, der weniger bekannt ist als der Singularis und der Pluralis. Im Gegensatz zum Singular und zum unpräzisen Plural bezeichnet der Dual eine Zweizahl der beschriebenen Elemente mit eigenen verbalen bzw. nominalen Formen. Er konnte nachweisen, dass in vielen Sprachen insbesondere der indogermanischen Sprachfamilie (Sanskrit, Altgriechisch etc.) der Dual Bestandteil der Grammatik ist, in den heutigen Sprachen aber nicht mehr.

Primär in den Vordergrund gerückt ist gegenwärtig also die Individualität (singularis) und die Gruppe/Gesellschaft (pluralis) im Sinne der pólis, während der syndyastikós noch zu der Zeit von Aristoteles sprachlich durch den Dualis ausgedrückt werden konnte, was in manchen aussterbenden Sprachen auch immer noch der Fall ist. Zum Beispiel ist er in der Sprache der Mapuche, dem sogenannten Mapudungun, noch enthalten. Die Mapuche glauben an eine Paar-Gottheit und messen der Zweiheit besondere Bedeutung bei (s. Abschn. 4.3).

„Die Grenzen meiner Sprache bedeuten die Grenzen meiner Welt" sagt Ludwig Wittgenstein in seinem Tractatus logico-philosophicus (1921).

Da sich das „Bewerten-Müssen" prinzipiell nicht aufheben lässt, kann die Schlussfolgerung nur lauten, dass Bewertungen möglichst frühzeitig in eine Richtung gelenkt werden sollten, welche der Beziehungsdimension einen höheren Stellenwert einräumt und die Selbstrücknahme in Bindungen mit einer Gewinnerwartung verknüpft, denn auch dem „Binden-Müssen" lässt sich nicht ausweichen. Es ist also anstrebenswert, auf Bindungen innerlich so vorbereitet zu sein, dass Akzeptanz durch körperliche Annahme entstehen kann, wenn sich die Einzelnen zurücknehmen, um dem Gemeinsamen Raum zu geben.

Die durch eine gelungene syndyastische Beziehung erworbene bzw. mögliche biopsychosoziale Immunisierung gehört zu den bedeutendsten Ressourcen, welche die menschliche Gesellschaft besitzt, um allen ihren Mitgliedern ein erfülltes Leben zu ermöglichen. Diese Ressource so vollkommen wie möglich zu nutzen, ist mit einem relativ geringen gesellschaftlichen und ökonomischen Aufwand verbunden. In erster Linie geht es darum, diese Ressource zu erkennen, und in Folge dessen Hindernisse bei der Ausbildung gelungener syndyastischer Beziehungen zu beseitigen oder zu minimieren.

Dies spricht für Präventionsmaßnahmen, die eine universelle, eine selektive und eine indikative Ausrichtung aufweisen können (vgl. Franzkowiak 2022).

5.1 Universelle Prävention

Diese Möglichkeit einer allgemeinen Prävention spricht die Gesamtbevölkerung bzw. große Teilpopulationen an und beinhaltet Maßnahmen, die prinzipiell für jede und jeden nützlich oder notwendig sein sollen.

Bereits in der Schule sind Konzepte von Beziehungsgestaltung vermittelbar, welche die Erfüllung der existenziellen Grundbedürfnisse zum Thema machen, für die der Andere benötigt wird. Dies ist deshalb umsetzbar, weil Menschen in jedem Lebensalter die neurobiologischen Anknüpfungspunkte für die syndyastische Immunisierung in sich tragen. Bereits Schulkinder sind in der Lage, dies sowohl kognitiv als auch emotional nachzuvollziehen – sie wissen, wie bedeutsam Vertrauenspersonen für sie sind, und verstehen, wie schädlich es ist, Vertrauen zu missbrauchen. Insofern können sie früh lernen, Grenzen einzuhalten und Beziehungen zu etablieren, in denen der bei ihnen selbst vorhandene Wunsch nach Bedeutsamkeit und Unaustauschbarkeit aufgegriffen wird. Hierdurch wäre auch ein sehr gutes Korrektiv zu der flächendeckend vorgehaltenen Pornografie vermittelbar, in der ja gerade Beziehungslosigkeit propagiert wird, weil die Protagonisten, deren Attraktivität lediglich an bestimmte Merkmale und Funktionen geknüpft ist, beliebig austauschbar und damit entpersonalisiert sind. Interventionen im Bereich des sozialemotionalen Lernens wie das Training sozialer Kompetenzen im schulischen oder familiären Umfeld verringern nachweislich das Risiko antisozialer Verhaltensweisen (Beelmann und Lösel 2021), weshalb sie nach erfolgreicher Evaluation als förderungswürdige Bildungsstrategien umgesetzt werden sollten. Eine an entsprechende Pilotmessungen (Letourneau et al. 2024) anknüpfende randomisiert-kontrollierte Studie bei über 3000 (11- bis 13-jährigen) Jugendlichen der 6. und 7. Klassen wird von 2024 bis 2026 vom Institut für Sexualwissenschaft und Sexualmedizin der Charité – Universitätsmedizin Berlin gemeinsam mit der Finder-Bildungsakademie und der Johns Hopkins University in Baltimore (USA) durchgeführt.

Auch bei Erwachsenen bestünde jederzeit die Möglichkeit, durch *Schulungsprogramme* die Inanspruchnahme stressreduzierender Mechanismen im Rahmen intimer Bindungen zu fördern, um deren gesundheitserhaltendes und -stärkendes Potenzial gezielter zu nutzen. Dies wurde in den gesetzlichen Regelungen zur primären Prävention und Gesundheitsförderung der Krankenkassen unter den Leistungen zur verhaltensbezogenen Prävention nach § 20 Abs. 5 SGB V im Handlungsfeld „Stress- und Ressourcenmanagement" aufgegriffen, indem dort die „Stärkung empathischer persönlicher Beziehungen" als Ressource aufgeführt ist (vgl. GKV-Spitzenverband, Leitfaden Prävention 2023). Ein entsprechendes, von den Krankenkassen zertifiziertes Kursprogramm für Paare wird am Institut für Sexualwissenschaft und Sexualmedizin der Charité – Universitätsmedizin Berlin vorgehalten.

5.2 Selektive Prävention

Diese Präventionsstrategie interveniert bei umrissenen Zielgruppen mit einem vermuteten, eventuell überdurchschnittlichen Risiko. Insbesondere bei chronischen Erkrankungen wächst die Bedeutung des sozialen Umfeldes und einer bestehenden partnerschaftlichen Beziehung, weshalb es sinnvoll ist, dies präventiv zu adressieren.

So hat die Auswertung von mehreren randomisiert-kontrollierten Studien ergeben, dass paarbezogene Interventionen starke positive Effekte auf das Körperbild und das sexuelle Erleben von Krebs-Patientinnen aufweisen, wenn sie Behandlungselemente enthalten, wie:

1. Informationsvermittlung an beide Partner bezüglich der Diagnose und der Behandlung,
2. Beförderung paarbezogener gegenseitiger Bewältigungs- und Unterstützungsstrategien,
3. Integration spezifischer sexualtherapeutischer Elemente unter Bezugnahme auf Aspekte des körperlichen und des sexuellen Selbstbildes (Scott und Kayser 2009).

Hinzu kommt: Viele Medikamente haben auch Einfluss auf die sexuellen Funktionen und können die sexuelle und/oder partnerschaftliche Beziehungszufriedenheit beeinträchtigen.

In der Betreuung chronisch Erkrankter könnte dies – alleine durch *psychoedukative Maßnahmen* – ein zusätzlicher Fokus werden, um die gesundheitsstärkende Kraft von Beziehungen und körperlicher Nähe besser zu nutzen. Dies ließe sich bereits mit niedrigschwelligen Angeboten verwirklichen, in denen Intimität als gesundheitserhaltend und -steigernd zum Thema wird, um die Voraussetzungen zu verbessern, die gegenseitige Annahme im Sinne der Erfüllung der biopsychosozialen Grundbedürfnisse auszubauen (vgl. Beier et al. 2021). Dies ist auch noch am Ende des Lebens erfahrbar, wie das folgende Beispiel aus der supervidierten Fallarbeit im Rahmen der sexualmedizinischen Weiterbildung eines Palliativmediziners zeigt (vgl. Martinovic 2022).

Fallbericht

Bei einem 72 Jahre alten Gymnasiallehrer im Ruhestand wurde 18 Monate zuvor ein Prostatakarzinom mit Metastasen in der Lenden- und Brustwirbelsäule entdeckt. Seine Ehefrau ist 60 Jahre alt und von Beruf Krankenschwester, den sie seit zwei Jahren nicht mehr ausübt. Das Paar ist seit 30 Jahren verheiratet, sie haben zwei Töchter, 28 und 26 Jahre alt.

Bevor er an Krebs erkrankte, hätte er Erektionsprobleme bekommen und aufgrund dessen sei die Frequenz intimer Begegnungen stark zurückgegangen. Auch die Einnahme von verschiedenen PDE-5-Hemmern habe keine Änderung bewirken können. Seit der Krebsdiagnose hätten sie gar keinen Sex mehr. Die Prostata sei operativ total entfernt worden, danach sei eine Bestrahlung erforderlich gewesen – wegen der Metastasen in der Wirbelsäule. Deshalb hätte er eine Chemotherapie durchlaufen, aber vor einem Monat sei die ganze Therapie abgesetzt worden und die Behandlung erfolge jetzt palliativ, d. h. als umfassende Betreuung bei nicht heilbaren und weit fortgeschrittenen Erkrankungen aufgrund der begrenzten Lebenserwartung.

Die Ehefrau berichtete, ihr Mann sei nach Krebsdiagnose, Operationen, Chemotherapie und Bestrahlung sehr schweigsam geworden und sie hätte ein schlechtes Gewissen gehabt, ihm nicht alles gegeben zu haben. Jetzt möchten beiden seine letzten Tage genießen, wissen aber nicht, wie. Sie hat Angst, ihn zu überfordern, er hat Angst, sie zu enttäuschen. Die beide wünschen sich, Sexualität noch einmal zu erleben, und erbaten deshalb fachliche Unterstützung.

Das Paar wurde aufgeklärt über die therapeutischen Möglichkeiten mit verschiedenen medikamentösen Optionen (z. B. PDE-5-Hemmer wie Sildenafil) sowie technische Hilfsmittel (z. B. Penispumpe), aber auch die Bedeutung einer Intimität, die weniger auf intakte Funktionen als auf das Erleben von Nähe und Verbundenheit durch körpersprachliche Kommunikation zielen würde.

Das Paar entschied sich für Letzteres, weil es keinen Sinn darin sah, weiter über sexuelle Funktionen nachzudenken, anstatt das miteinander zu erleben, was ihnen verfügbar war, nämliche körperliche Nähe und die daraus resultierende Entspannung und Entängstigung.

Der Ehemann teilte im Verlauf mit: „Wir haben in der Zeit gelernt, dass Sexualität auch anders geht. Sogar intensiver und zurzeit schöner. Ich weiß, dass meine Zeit begrenzt ist, Schmerzen kommen auch manchmal durch, aber wir genießen die Zeit und uns tut leid, dass wir das nicht viel früher getan haben. Wir spüren zurzeit eine tiefe Zuneigung zueinander und ich merke, dass ein Kuss, ein Blick, ein Handstreicheln solche Gefühle auslösen kann, die wir früher nicht gekannt haben oder nicht wahrgenommen haben."

Nach seinem Tod bedankte sich die Ehefrau, dass sie Dinge entdeckt haben, „die in uns schon lange verborgen waren": „Die letzten Wochen und Monaten waren für uns beide sehr schön. Wir wussten, dass mein Mann stirbt, trotz alledem haben wir die Zeit, die uns zu Verfügung stand, genossen, soweit es ging. Wir waren so nah wie noch nie. Wir haben uns geküsst, gekuschelt, umarmt ... Wir haben unser Vertrauen gefunden, das uns schon verloren gegangen war."

Dies sind immunitätsstärkende, die Beteiligten erweiternde Momente und sie sind für jeden erreichbar, da jeder die neurophysiologischen Anknüpfungspunkte für eine Umschaltung auf Entspannung durch den anderen in sich trägt. Und: Sie sind erlebbar ohne die vollständige Integrität der sexuellen Funktionen (insbesondere Erregungs- und Orgasmusfähigkeit).

5.3 Indikative Prävention

Viele Menschen suchen gezielt wegen sexueller und/oder partnerschaftlicher Probleme Hilfe. Unter präventiven Gesichtspunkten geht es also um Interventionen, die versuchen, Leidensdruck zu vermindern und zukünftig vermeiden zu helfen.

Um innerhalb von Paargemeinschaften die Inanspruchnahme des Immunisierungskontextes Intimität zu steigern, bedarf es keiner psychotherapeutischen Maßnahmen, sondern vielmehr einer Bewusstmachung der Bedeutung körperlicher Nähe für die Schaffung von basalen Akzeptanzerlebnissen, was im Rahmen von *paarbezogenen sexualtherapeutischen Interventionen* meist in wenigen Sitzungen möglich ist. In diesen werden die Paare darin unterstützt, den für sie adäquaten weiteren Weg selbst zu finden, da sich dieser nicht von außen vorgeben lässt. Das Ziel ist die (Wieder)Erfüllung der Individuen durch eine optimierte Achtsamkeit für Intimität als wertvollen Immunisierungskontext und Gesundheitsressource (vgl. Beier und Loewit 2004).

> **Fallbericht**
>
> Der 67-jährige emeritierte Hochschullehrer (Naturwissenschaftler) war seit annähernd 40 Jahren mit einer 2 Jahre jüngeren Kunstwissenschaftlerin verheiratet. Beide waren beruflich sehr erfolgreich und hatten aufgrund eines unerfüllten Kinderwunsches vor 30 Jahren ein Kind adoptiert, das vor einem Jahr ausgezogen war.
>
> Den Ersttermin nahm er alleine wahr, nachdem seine Frau sich über das geringe Ausmaß an Intimität beklagt hatte, was nach seiner Auffassung mit dem Auszug des Adoptivsohnes zusammenhing. Zur bisherigen Beziehungsentwicklung gab er an, dass die sexuelle Beziehungsunzufriedenheit seit mindestens 30 Jahren bestand. Sie hätten bisher aber keinen Anlass gesehen, eine Änderung herbeizuführen – er frage sich ob es mittlerweile nicht zu spät sei, das Problem anzugehen, denn letztlich habe man sich arrangiert mit der „fehlenden Sexualität" und er habe sich auf die regelmäßige Masturbation beschränkt, außereheliche Beziehungen unterhalte er nicht. Auch wenn das ein Zustand sei, den im Grunde beide bedauern würden, hätten sie bisher keine adäquate Lösung finden können.

5 Gesundheit durch Beziehung

Die Einbeziehung der Ehefrau ergab, dass sie sich „schon immer" in der intimen Begegnung nicht ausreichend wahrgenommen fand („ich wurde gesehen, aber nicht erkannt"), was mit seinen immer wieder aufgetretenen Erektionsstörungen zusammengehangen haben könnte (denen er selbst im Erstgespräch wenig Bedeutung beigemessen hatte) – nach ihrem Eindruck sei er dadurch mehr mit sich selbst befasst gewesen. Aus diesem Grunde habe sie recht schnell das „Interesse an Sex" verloren, was sich später durch das „geplante Vorgehen" aufgrund des unerfüllten Kinderwunsches noch verstärkt habe, denn das sei „mehr Stress als alles andere" gewesen. Streitigkeiten habe es nachfolgend vor allem im Zusammenhang mit Erziehungsfragen gegeben – hier seien sie „öfter aneinandergeraten", zum Teil mit länger dauernden Auswirkungen auf innerfamiliäre Harmonie, was zum Beispiel zu der Entscheidung geführt habe, getrennt in den Urlaub zu fahren. Ansonsten sei er ein verständiger und intelligenter Partner, man könne mit ihm über alles diskutieren. Insbesondere beruflich hätten sie sich „gegenseitig weitergebracht". Gleichwohl habe sie den Eindruck, dass ihnen immer etwas gefehlt habe, und sie wolle nicht bis zu ihrem Lebensende darauf verzichten. Es ginge ihr vor allem darum, mit ihren Wünschen und Bedürfnissen besser wahrgenommen zu werden, und sie habe nie verstanden, warum das sonst so gut mit ihm möglich sei, nur im Sexuellen aber offenbar gar nicht funktioniere.

Im Paargespräch beteuerten beide, sich zu lieben und die Zukunft gemeinsam gestalten zu wollen. Gefragt zu den Therapiezielen gab sie an, die Kommunikation verbessern zu wollen (sie möchte „mit ihren Ansichten respektiert werden") und neues Vertrauen aufzubauen, während er „ohne Angst" wieder die Intimbeziehung aufnehmen wollte („möglichst konkret").

Dies konnte zum Anlass genommen werden, das Paar um eigene Vorschläge zu bitten, wie ein „Neustart" ihrer Intimität aussehen könnte, was zu konkreten Überlegungen führte, wie sie sich körperlich unbefangen und angstfrei begegnen könnten. Tatsächlich beschritten sie diesen Weg und organisierten körperliche Begegnungen, die ihnen „am eigenen Leib" (er) zeigten, dass Intimität ohne jede Funktionsorientiertheit eine effektive Möglichkeit zur Erfüllung ihrer Grundbedürfnisse nach Nähe, Wahrgenommen- und Angenommensein darstellen kann. Nur durch diese gemeinsamen als stimmig empfundenen Erfahrungen ergaben sich Veränderungen und eine deutlich verbesserte Beziehungszufriedenheit.

Im Abschlussgespräch teilten sie mit, dass dies eine „revolutionäre neue Erkenntnis" (er) gewesen wäre, sie würden sich „nun viel besser verstehen und auch sonst mehr miteinander reden" (sie), jetzt ließe sich die „seelische Verbundenheit ins Körperliche mit hineinnehmen" (sie), das „ganze Leben hat sich geändert" (er).

Dies verdeutlicht zum einen die möglichen (innerfamiliären) Folgen einer unzureichenden syndyastischen Immunität aufgrund unerfüllter Grundbedürfnisse nach (auch körperlich vermittelter) Akzeptanz als Folge einer zu geringen Inanspruchnahme des Immunisierungskontextes Intimität und zum anderen die Verbesserung der Gesamt-Befindlichkeit durch paarbezogene Interventionen (vgl. Abschn. 4.1).

Allerdings muss jene *Aufhebung der Differenz* durch die leibliche Kommunikation in Beziehungen *immer wieder aufs Neue* geschaffen werden: Es gibt keine Garantie für den erwünschten Effekt einer Erfüllung von Grundbedürfnissen in körperlicher Nähe zu einem individuellen Anderen, weil sich die Gegenwartsbedingungen dafür bei den Beteiligten immer wieder ändern und daher fortlaufende Anpassungen erforderlich machen. Aber: Die Möglichkeit dazu besteht immer, da sich die neurobiologischen Voraussetzungen dafür nicht ändern und daher Wege für eine „Gesundheit durch Beziehung" stets vorhanden sind und Intimität zur Steigerung der Immunität zu jedem Zeitpunkt des Lebens genutzt werden kann.

5.4 Immunisierung durch Künstliche Intelligenz

Die Künstliche Intelligenz (KI) fußt konzeptionell auf der Arbeitsweise neuronaler Netzwerke, wie sie der menschlichen Gehirntätigkeit zugrunde liegt. Entscheidend ist dabei die Parallelverarbeitung von Informationen im Kontext einer großen Anzahl synaptischer Verbindungen und einer damit verknüpften Lernfähigkeit des Systems bei einer prinzipiell unbegrenzten Ausbaufähigkeit der Rechenkapazität.

Damit ist die KI hinsichtlich der kombinatorischen Fähigkeiten nunmehr leistungsfähiger als das menschliche Gehirn (welche diese Technologie ja überhaupt hervorgebracht hat).

Die Künstliche Intelligenz ist dem besten Go-Spieler der Welt überlegen und hat die analytischen Fähigkeiten der Chemie revolutioniert: Die Vorhersage komplexer Strukturen von Proteinen mit Hilfe von künstlicher Intelligenz ist Informatikern, mithin nicht Chemikern, gelungen, die dafür 2024 den Nobelpreis für Chemie (sic!) erhalten haben (Demis Hassabis und John Jumper). Die Gefahren bestehen zweifelsohne darin, dass KI auch eingesetzt werden kann um beispielsweise die Struktur neuer tödlicher Viren zu bestimmen, welche dann in Laboren entwickelt werden könnte – das heißt ihr Einsatz für (kriminelle) Interessen ist vorhersagbar. Davor warnen die Nobelpreisträger im Übrigen selbst.

Die Frage, die sich im Zusammenhang einer Immunisierung durch Intimität stellt, lautet, inwieweit Künstliche Intelligenz in der Lage ist, das Angewiesensein auf ein anderes Individuum und damit die Gesundheitsressource Beziehung zu ersetzen oder sogar zu übertreffen. Somit werfen die beeindruckenden Fortschritte der Künstlichen Intelligenz fundamentale Fragen nach den Grenzen dieser Technologie auf.

Die Problematik technologischer Eingriffe in menschliche Intimität wird besonders deutlich, wenn man die Parallele zu pharmakologischen Interventionen zieht: Selektive Serotonin-Wiederaufnahmehemmer (SSRI), die erfolgreich depressive Symptome lindern, führen häufig zu eingeschränkter emotionaler Schwingungsfähigkeit, verringerter Lebensqualität und Libidoverlust – ein Phänomen, das die komplexe Verschränkung neurobiologischer Systeme verdeutlicht (Bala et al. 2018; Rütgen et al. 2019). Diese „mechanistische Intervention" in das serotonerge System, die zwar bestimmte Symptome erfolgreich behandelt, aber gleichzeitig zentrale Aspekte menschlicher Intimität beeinträchtigt, lässt sich als Analogie zur KI-Problematik verstehen: Selbst die Integration einer lernfähigen KI in einen menschenähnlichen Roboter – ausgestattet mit taktiler Sensorik und adaptiver Verhaltenssteuerung – könnte die fundamentale Qualität menschlicher Intimität nicht replizieren, sondern würde (ähnlich wie die Selektiven Serotonin-Wiederaufnahmehemmer) nur Teilaspekte des komplexen Systems ansprechen.

Die neurobiologische Synchronisation zweier Menschen, die sich in der wechselseitigen emotionalen Ko-Regulation von Stresssystemen und der Aktivierung gesundheitsfördernder physiologischer Prozesse manifestiert, basiert auf einer evolutionär entwickelten Komplexität, die sich sowohl der pharmakologischen als auch der technischen Simulation entzieht, weil sie sich nicht auf kognitive Interaktionsprozesse reduzieren lässt, sondern durch die Prozessierung körperlicher Nähe mit einem vertrauten Anderen bedingt ist. Die SSRI-Forschungsergebnisse zeigen in dem Kontext exemplarisch, wie selbst gezielte Eingriffe in einzelne Neurotransmittersysteme weitreichende, oft unerwünschte Effekte auf die Fähigkeit zu emotionaler und körperlicher Intimität haben können.

Die Parallelverarbeitung von Informationen und die Lernfähigkeit neuronaler Netzwerke mögen zwar von biologischen Systemen inspiriert sein, doch die tiefgreifende emotionale und körperliche Resonanz zwischen Menschen, die sich in ihrer neurobiologisch verschalteten Ko-Regulation ausdrückt, bleibt ein einzigartiges Phänomen. Der syndyastikós lässt sich nicht durch Künstliche Intelligenz ersetzen, weil sich die feine Balance körperlicher Nähe, die für authentische Intimität notwendig ist, an ein lebendiges Wesen geknüpft ist. Den Effekt kann schon eher ein nicht-menschliches Wesen auslösen, sofern es mit diesem zu einem Hautkontakt kommt (insbesondere Hunde spielen diesbezüglich eine prominente Rolle; vgl. Haraway 2007a, b), nicht aber eine Maschine, weil sie zu der dafür erforderlichen, durch die körperliche Annahme erfolgenden neurophysiologischen Umschaltung nicht in der Lage ist.

Demzufolge vermag Künstliche Intelligenz zwar zur politischen Immunisierung im Sinne einer prinzipiellen Verstärkung von Akzeptanz durch soziale Anerkennung beizutragen, nicht aber zur syndyastischen Immunisierung, denn dazu müsste sie Akzeptanz auch durch körperliche Annahme des individuellen Anderen herstellen können, was jedoch geknüpft ist an das interindividuelle Zusammenspiel biologischer Systeme (vgl. Abb. 5.1).

Diese Erkenntnis impliziert nicht eine grundsätzliche Ablehnung des therapeutischen oder unterstützenden Einsatzes von KI-Systemen oder Psychopharmaka, mahnt jedoch zu einem bewussten Umgang mit den Grenzen technologischer und pharmakologischer Interventionen im Bereich menschlicher Intimität. Die eigentliche Herausforderung liegt in der Entwicklung eines differenzierten Verständnisses dafür, wie technologische und pharmakologische Eingriffe die komplexe Architektur menschlicher Beziehungsfähigkeit beeinflussen und wie diese Erkenntnisse für eine menschenzentrierte Weiterentwicklung beider Bereiche genutzt werden können. Dabei muss die Bewahrung und Förderung authentischer zwischenmenschlicher Bindungsfähigkeit in einer zunehmend technologisierten und medikalisierten Welt im Zentrum stehen – ein Ziel, das sowohl die Grenzen als auch die Möglichkeiten technologischer und pharmakologischer Interventionen anerkennt.

Literatur

Ackerley R, Backlund Wasling H, Liljencrantz J, Olausson H, Johnson RD, Wessberg J (2014) Human C-tactile afferents are tuned to the temperature of a skin-stroking caress. J Neurosci 34(8):2879–2883. https://doi.org/10.1523/JNEUROSCI.2847-13.2014. PMID: 24553929; PMCID: PMC3931502

Ahlers CJ, Schaefer GA, Mundt IA, Roll S, Englert H, Willich SN, Beier KM (2011) How unusual are the contents of paraphilias? Paraphilia-Associated Sexual Arousal Patterns (PASAP) in a community-based sample of men. J Sex Med 8:1362–1370

Allroggen M, Rassenhofer M, Witt A, Plener PL, Brähler E, Fegert JM (2016) The prevalence of sexual violence – results from a population-based sample. Dtsch Ärztebl Internatl 113:107–113. https://doi.org/10.3238/arztebl.2016.0107

Amelung T, Kuhle L, Konrad A, Pauls A, Beier KM (2012) Androgen deprivation therapy of self-identifying, help-seeking pedophiles in the Dunkelfeld. Int J Law Psychiat 35(2012):176–184

American Psychiatric Association, APA (2013) Diagnostic and statistical manual of mental disorders (DSM-5), 5. Aufl. APA-Press, Washington, DC

Aristoteles (2001) Nikomachische Ethik. Reclam, Stuttgart

Aristoteles (1987) Physik. Übersetzung, Einleitung, Anmerkungen v. HG Zekl. Meiner, Hamburg

Bacigalupo AM (2007) Shamans of the Foye Tree: gender, power, and healing among Chilean Mapuche. University of Texas Press, Texas

Bala A, Nguyen HMT, Hellstrom WJG (2018) Post-SSRI sexual dysfunction: a literature review. Sex Med Rev 6:29e34

Banse R, Schmidt AF, Clarbour J (2010) Indirect measures of sexual interest in child sex offenders: a multimethod approach. Crim Justice Behav 37(3):319–335

Bartels A, Zeki S (2004) The neural correlates of maternal and romantic love. NeuroImage 21(3):1155–1166

Beelmann A, Lösel F (2021) A comprehensive meta-analysis of randomized evaluations of the effect of child social skills training on antisocial development. J Dev Life Course Crim 7(1):41–65

Beier KM (1994) Weiblichkeit und Perversion: Von der Reproduktion zur Reproversion. G. Fischer, Stuttgart/Jena

Beier KM (1995) Dissexualität im Lebenslängsschnitt. Theoretische und empirische Untersuchungen zu Phänomenologie und Prognose begutachteter Sexualstraftäter. Springer, Berlin

Beier KM (2013) Pädophilie und christliche Ethik. Stimmen der Zeit 11(231):747–758

Beier KM (2018) Pädophilie, Hebephilie und sexueller Kindesmissbrauch. Springer, Berlin/Heidelberg

Beier KM (2020) Die Zukunft einer Pandemie – Sexueller Kindesmissbrauch als weltweite Herausforderung. Z Rechtspolit 8:255–258

Beier KM (2021) Störungen der sexuellen Präferenz. In: Beier KM, Bosinski HAG, Loewit K (Hrsg) Sexualmedizin – Grundlagen und Klinik sexueller Gesundheit, 3. Aufl. Elsevier, München, S 457–505

Beier KM, Loewit K (2004) Lust in Beziehung. Einführung in die Syndyastische Sexualtherapie. Springer, Berlin

Beier KM, Bosinski HAG, Loewit K, Hartmann U (2001) Sexualmedizin. Grundlagen und Praxis, 1. Aufl. Elsevier/Urban & Fischer, München/Jena

Beier KM, Bosinski HAG, Loewit K (2005) Sexualmedizin. Grundlagen und Praxis, 2. Aufl. Elsevier/Urban & Fischer, München/Jena

Beier KM, Wille R, Wessel J (2006) Denial of pregnancy as a reproductive dysfunction: a proposal for international classification systems. J Psychosom Res 61:723–730

Beier KM, Loewit K (2011) Praxisleitfaden Sexualmedizin. Springer, Berlin

Beier K, Amelung T, Kuhle L, Grundmann D, Scherner G, Neutze J (2013) Hebephilie als sexuelle Störung. Fortschr Neurol Psychiatr 81:128–137

Beier KM, Krüger T, Schiffer B, Pauls A, Amelung T (2019) The physiological basis of problematic sexual interests and behaviors. In: O'Donohue WT, Bromberg DS (Hrsg) Sexually violent predators: a clinical science handbook. Springer Nature, Switzerland, S 73–100

Beier KM, Bosinski HAG, Loewit K (2021) Sexualmedizin. Grundlagen und Klinik sexueller Gesundheit, 3. Aufl. Elsevier/Urban & Fischer, München/Jena

Beier KM, Bartley J, Köhn FM (2022) Ungewollte Kinderlosigkeit aus sexualmedizinischer Sicht. In: Nieschlag E, Behre HM, Kliesch S, Nieschlag S (Hrsg) Andrologie. Springer Reference Medizin. Springer, Berlin/Heidelberg. https://doi.org/10.1007/978-3-662-61904-9_44-1

Berthelot et al (2014) Prevalence and correlates of childhood sexual abuse in adults consulting for sexual problems. J Sex Marit Ther 40(5):434–443

Bianchi D, Morelli M, Baiocco R, Cattelino E, Laghi F, Chirumbolo A (2019) Family functioning patterns predict teenage girls' sexting. Int J Behav Dev 43(6):507–514

Bieneck S, Stadler L, Pfeiffer C, Niedersachsen KF (2011) Erster Forschungsbericht zur Repräsentativerhebung Sexueller Missbrauch 2011. Kriminologisches Forschungsinstitut Niedersachsen (KFN), Hannover

Blanchard R, Barbaree HE, Bogart AF, Dickey R, Klassen P, Kuban ME et al (2000) Fraternal birth order and sexual orientation in pedophiles. Arch Sex Behav 29:463–478

Blanchard R, Lykins AD, Wherrett D, Kuban ME, Cantor JM, Blak T, … Klassen PE (2009) Pedophilia, hebephilia, and the DSM-V. Arch Sex Behav 38(3):335–350

BMFSFJ (2004). Health, well-being and personal safety of women in Germany. A representative study of violence against women in Germany. Summary of the central research results. http://www.bmfsfj.de/Kategorien/Forschungsnetz/forschungs-berichte.html. Zugegriffen am 25.02.2025

Borsche T (1990) Wilhelm von Humboldt. Beck, München

BRAVO Dr. Sommer Studie (2016). Bauer Media Group, München

Ditzen B, Schaer M, Gabriel B, Bodenmann G, Ehlert U, Heinrichs M (2009) Intranasal oxytocin increases positive communication and reduces cortisol levels during couple conflict. Biol Psychiat 65(9):728–731. https://doi.org/10.1016/j.biopsych.2008.10.011. Epub 2008 Nov 22. PMID: 19027101

Egle UT, Hoffmann SO, Steffens M (1997) Psychosoziale Risiko- und Schutzfaktoren in Kindkeit und Jugend als Prädisposition für psychische Störungen im Erwachsenenalter. Nervenarzt 68:683–695

Eisenberger N, Cole SW (2012) Social neuroscience and health: neurophysiological mechanisms linking social ties with physical health. Nat Neurosci 15:669–674

European Union Agency for Fundamental Human Rights (2020) A long way to go for LGBTI equality. https://fra.europa.eu/sites/default/files/fra_uploads/fra-2020-lgbti-equality-1_en.pdf. Zugegriffen am 25.02.2025

European Union Agency for Fundamental Rights (EUFRA) (2024). LGBTIQ-equality at a crossroads – progress and challenge. https://fra.europa.eu/sites/default/files/fra_uploads/fra-2024-lgbtiq-equality_en.pdf. Zugegriffen am 25.02.2025

Felder H, Brähler E (1995). Effects and stress as a result of diagnosis and medical treatment of couples with unfullfilled wish of a child. In: J Bitzer, M Stauber (Hrsg), Psychosomatic obsetries and gynaecology. Bologna, Monduzzi S 269–76

Franzkowiak P (2022). Prävention und Krankheitsprävention. In Bundeszentrale für gesundheitliche Aufklärung (BZgA) (Hrsg) Leitbegriffe der Gesundheitsförderung und Prävention. Glossar zu Konzepten, Strategien und Methoden. https://doi.org/10.17623/BZGA:Q4-i091-3.0. Zugegriffen am 25.02.2025

Franz von Assisi (1927). Über die vollkommene und wahre Freude; lateinisch De vera et perfecta laetitia, Florenz, Biblioteca Nazionale Centrale, Conventi Sopressi C.9.2878, geschrieben 1316/40, Text herausgegeben in ArchFrancHist 29 (1927) 107

Freund K, McKnight CK, Langevin R, Cibiri S (1972) The female child as a surrogate object. Arch Sex Behav 2(2):119–123

Genest F, Magheli A, Roll S, Beier KM (2013) Sexuelle Präferenzstörungen in der Urologischen Sprechstunde. Sexuologie 20(3–4):153–162

GKV-Spitzenverband, Leitfaden Prävention (2023). nur als PDF verfügbar, s. https://www.gkv-spitzenverband.de/media/dokumente/krankenversicherung_1/praevention__selbsthilfe__beratung/praevention/praevention_leitfaden/2023-12_Leitfaden_Pravention_barrierefrei.pdf. Zugegriffen am 25.02.2025

Glueck BC (1955). Final report: research project for the study and treatment of persons convicted of crimes involving sexual aberrations. June 1952 to June 1955. New York State Department of Mental Hygiene, New York

Grossmann K, Grossmann KE (2012) Bindungen – Das Gefüge psychischer Sicherheit. Völlig überarb. Aufl. Klett-Cotta, Stuttgart

Grundmann D, Krupp J, Scherner G, Amelung T, Beier KM (2016) Stability of self-reported arousal to sexual fantasies involving children in a clinical sample of pedophiles and hebephiles. Arch Sex Behav 45(5):1153–1162

Habetha S, Bleich S, Sievers C, Marschall U, Weidenhammer J, Fegert JM (2012) Deutsche Traumafolgekostenstudie – Kein Kind mehr – keine Trauma(kosten) mehr? Schmidt & Klaunig, Kiel

Hackl E (1987) Auroras Anlaß. Diogenes, Zürich

Häuser et al (2011) Misshandlungen in Kindheit und Jugend. Ergebnisse einer Umfrage in einer repräsentativen Stichprobe der deutschen Bevölkerung. Dtsch Ärztebl 17:287–294

Haraway D (1985) Manifesto for cyborgs: Science, technology, and socialist feminism in the 1980s. Socialist Rev 80:65–108

Haraway D (2007a) When species meet. University of Minnesota Press, Minneapolis. ISBN 978-0-8166-5045-3

Haraway D (2007b). Hunde mit Mehrwert und lebendiges Kapital. In Gespenst Subjekt (Hrsg) v. jour fixe initiative berlin. Unrast, Münster, S 81–104

Hartmann K (1970) Theoretische und empirische Beiträge zur Verwahrlosungsforschung. Springer, Berlin

Hegel GH (1967) System der Sittlichkeit. Nachdruck der Lasson-Ausgabe, Hamburg

Heim C, Young L, Newport D et al (2009) Lower CSF oxytocin concentrations in women with a history of childhood abuse. Mol Psychiat 14:954–958. https://doi.org/10.1038/mp.2008.112

Heim C, Mayberg HS, Mletzko T, Nemeroff CB, Pruessner JC (2013) Decreased cortical representation of genital somatosensory field after childhood sexual abuse. Am J Psychiat 170:616–623

Hellmann DF (2014). Repräsentativbefragung zu Viktimisierungserfahrungen in Deutschland. Kriminologisches Forschungsinstitut Niedersachsen, Hannover. https://kfn.de/wp-content/uploads/Forschungsberichte/FB_122.pdf. Zugegriffen am 25.02.2025

Holt-Lunstad J, Smith TB, Bradley J (2010) Social relationships and mortality risk. PLoS Med 7(7):e1000316

Holstiege J, Klimke K, Akmatov MK, Kohring C, Dammertz L, Bätzing J (2021). Bundesweite Verordnungstrends biologischer Arzneimittel bei häufigen Autoimmunerkrankungen, 2012 bis 2018. Zentralinstitut für die kassenärztliche Versorgung in Deutschland (Zi). Versorgungsatlas-Bericht Nr. 21/03. Berlin. https://doi.org/10.20364/VA-21.03

Honneth A (2003) Kampf um Anerkennung. Zur moralischen Grammatik sozialer Konflikte. Suhrkamp, Frankfurt am Main

Humboldt W.v. (1903-36 (ND 1967/68)) Gesammelte Schriften (GS), im Auftrag der (Königlich) Preußischen Akademie der Wissenschaften hrsg. v. Albert Leitzmann et al., 17 Bde. Berlin 1. Abt., Werke, Bde 1–9, 13 (Leitzmann)

International Watch Foundation (2021) Annual Report. www.iwf.org.uk/about-us/who-we-are/annual-report-2021/. Zugegriffen am 25.02.2025

Jahnke S, Hoyer J (2013) Stigmatization of people with pedophilia: a blind spot in stigma research. Int J Sex Health 25:169–184. https://doi.org/10.1080/19317611.2013.795921

Jahnke S, Imhoff R, Hoyer J (2015) Stigmatization of People with Pedophilia: Two Comparative Surveys. Arch Sex Behav 44:21–34. https://doi.org/10.1007/s10508-014-0312-4

Kant I (1784) Beantwortung der Frage: Was ist Aufklärung? Berl Monatsschr 2: 481–494

Kleinplatz PJ, Ménard AD (2007) Building blocks toward optimal sexuality: constructing a conceptual model. Family J Consel Ther Coup Famil 15(1):72–78

Klinger-König J et al (2024) Kindheitstraumata und somatische sowie psychische Erkrankungen im Erwachsenenalter. Ergebnisse der NAKO Gesundheitsstud Dtsch Arztebl Int 121(1):1–8. https://doi.org/10.3238/arztebl.m2023.0225

König I (1992) Vom Ursprung des Geistes aus der Geschlechtlichkeit. Zur chronologischen und systematischen Entwicklung der Ästhetik Wilhelm von Humboldts. Verlag Hänsel-Hohenhausen, Frankfurt am Main

König K (2010). Kleine psychoanalytische Charakterkunde. Vandenhoeck & Ruprecht, Göttingen

Krafft-Ebing R v (1886) Psychopathia sexualis. Enke, Stuttgart

Kreutzmann A, Schweder K, Hahn I, von Heyden M, Brito Rozas J, Niemann C, Beier KM (2021) Prävention durch Fernbehandlung – Verursacherbezogene Prävention sexuellen Kindesmissbrauchs in Sachsen-Anhalt durch ein telemedizinisches Diagnose- und Therapieangebot (FEBEST). Sexuologie 28(3–4):199–208

Kwako LE, Noll JG, Putnam FW, Trickett PK (2010) Childhood sexual abuse and attachment: An intergenerational perspective. Clin Child Psychol Psychiat 15(3): 407–422. https://doi.org/10.1177/1359104510367590

Landesanstalt für Medien NRW (2023). Erfahrung von Kindern und Jugendlichen mit Sexting und Pornos. Zentrale Ergebnisse der Befragung 2023. https://www.medienanstalt-nrw.de/studie-porno-sexting-minderjaehrige-2023. Zugegriffen am 25.02.2025

Landgren V, Malki K, Bottai M, Arver S, Rahm C (2020). Effect of Gonadotropin-Releasing hormone antagonist on risk of committing child sexual abuse in men with pedophilic disorder: a randomized clinical trial. JAMA Psychiat. Published online April 29, 2020. https://doi.org/10.1001/jamapsychiatry.2020.0440

Langström N, Zucker N (2005) Transvestic fetishism in the general population: prevalence and correlates. J Sex Marital Ther 31:87–95

Leeb RT, Lewis T, Zolotor AJ (2011) A review of physical and mental health consequences of child abuse and neglect and implications for practice. Am J Lifestyle Med 5:454–468

Letourneau EJ, Schaeffer CM, Bradshaw CP, Ruzicka AE, Assini-Meytin LC, Nair R, Thorne E (2024) Responsible behavior with younger children: results from a pilot randomized evaluation of a school-based child sexual abuse perpetration prevention program. Child Maltreat 29(1):129–141. https://doi.org/10.1177/10775595221130737

Ludwig Wittgenstein (1921/2003) Tractatus logico-philosophicus. Logisch-philosophische Abhandlung. Suhrkamp, Frankfurt am Main

Martinovic N (2022) Syndyastische Fokussierung bei Palliativ-Patienten – Ein Patient mit metastasiertem Prostatakarzinom. Sexuologie 29:73–74

Meyer E, Paczensky v S, Sadrozinski R (1991) „Das hätte nicht nochmal passieren dürfen!" Wiederholte Schwangerschaftsabbrüche und was dahinter steckt. Fischer, Frankfurt am Main

Meyer-Lindenberg A, Domes G, Kirsch P, Heinrichs M (2011) Oxytocin and vasopressin in the human brain: social neuropeptides for translational medicine. Nat Rev Neurosci 12:524–538

Mukamel R, Ekstrom AD, Kaplan J, Iacoboni M, Fried I (2010) Single-neuron Responses during Exekution and Observation of Actions. Curr Biol 20:750–756

Nietzsche F (1954) Werke in drei Bänden, Bd 1, Hrsg von Karl Schlechta. Hanser, München

Nummenmaa L, Tuominen L, Dunbar R, Hirvonen J, Manninen S, Arponen E, Machin A, Hari R, Jääskeläinen IP, Sams M (2016) Social touch modulates endogenous μ-opioid system activity in humans. Neuroimage 138:242–247. https://doi.org/10.1016/j.neuroimage.2016.05.063. Epub 2016 May 27. PMID: 27238727

Ornish D, Scherwitz LW, Billings JH, Brown SE, Gould KL, Merritt TA, Sparler S, Armstrong WT, Ports TA, Kirkeeide RL, Hogeboom C, Brand RJ (1998) Intensive lifestyle changes for reversal of coronary heart disease. J Am Med Assoc 280(23):2001–2007

Panksepp J, Herman BH, Vilberg T, Bishop P, DeEskinazi FG (1980) Endogenous opioids and social behavior. Neurosci Biobehav Rev 4(4):473–87

Platon (2004). Phaidon. Übersetzung und Kommentar von Theodor Ebert. Vandenhoeck & Ruprecht, Göttingen

Ponseti J, Granert O, Jansen O, Wolff S, Beier KM, Neutze J, Deuschl G, Mehdorn H, Siebner H, Bosinski HAG (2012) Assessment of pedophilia using hemodynamic brain response to sexual stimuli. Arch Gen Psychiat 69(2):187–194

Rauchfleisch U (1981) Dissozial. Entwicklung, Struktur und Psychodynamik dissozialer Persönlichkeiten. Vandenhoeck, Göttingen

Rendueles G (1989) El manuscrito encontrado en Ciempozuelos. Ed Endymion, Madrid

Riemann F (2019). Grundformen der Angst, 45. Aufl. Ernst Reinhardt, München. ISBN 978-3-497-02422-3 (Erste Auflage 1961)

Roselli Ch, Larkin K, Resko J, Stellflug J, Stormshak F (2004) The volume of a sexually dimorphic nucleus in the ovine medial preoptic area/anterior hypothalamus varies with sexual partner preference. Endocrinology 145:478–483. http://doi.org/10.1210/en.2003-1098

Rütgen M et al (2019) Antidepressant treatment, not depression, leads to reductions in behavioral and neural responses to pain empathy. Transl Psychiatry 9:164. https://doi.org/10.1038/s41398-019-0496-4

Schäfer GA, Engert HS, Ahlers ChJ, Roll S. Willich SN, Beier KM (2003) Erektionsstörungen und Lebensqualität: Erste Ergebnisse der Berliner Männer-Studie. Sexulogie 10(2/3):50–60

Scheele D, Striepens N, Güntürkün O, Deutschländer S, Maier W, Kendrick KM, Hurlemann R (2012) Oxytocin modulates social distance between males and females. J Neurosci 32(46):16074–16079. https://doi.org/10.1523/JNEUROSCI.2755-12.2012

Schiffer B, Vonlaufen C (2011) Executive dysfunctions in pedophilic and nonpedophilic child molesters. J Sex Med 8(7):1975–1984

Schopenhauer A (1997). Die Welt als Wille und Vorstellung, Erster Band. Könemann, Köln

Schuler M, Gieseler H, Schweder K, von Heyden M, Beier KM (2020). Troubled desire – an internetbased self-management tool for individuals with pedophilic and hebephilic sexual interest table of contents. JMIR Prepr [Internet]. https://preprints.jmir.org/preprint/22277

Scott JL, Kayser K (2009) A review of couple-based interventions for enhancing women's sexual adjustment and body image after cancer. Cancer J 15(1):48–56

Seto MC (2008) Pedophilia and sexual offending against children: theory, assessment and intervention, 2. Aufl. American Psychological Association, Washington, DC

Seto MC (2012) Is pedophilia a sexual orientation? Arch Sex Behav 38:335–350

Spitzer RL (2012) Spitzer reassesses his 2003 study of reparative therapy of homosexuality (Letter to the Editor). Arch Sex Behav 41(4):757

Stadler et al (2011). Repräsentativbefragung Sexueller Missbrauch 2011 (KFN-Forschungsbericht; Nr.: 118). Kriminologisches Forschungsinstitut Niedersachsen, Hannover

Thibaut F, Cosyns P, Fedoroff JP, Briken P, Goethals K, Bradford JMW (2020) The World Federation of Societies of Biological Psychiatry (WFSBP) 2020 guidelines for the pharmacological treatment of paraphilic disorders. World J Biol Psychiat 21(6):412–490

Thukydides (2017). Geschichte des Peloponnesischen Krieges, Buch II 51,6, nach der Übersetzung von Michael Weißenberger. De Gruyter, Berlin/Boston

UNODC (2017). ICCS BRIEFING NOTE Measuring violence against women and other gender issues through ICCS lense. https://www.unodc.org/documents/data-and-analysis/statistics/crime/ICCS/Gender_and_the_ICCS.pdf. Zugegriffen am 25.02.2025

Wessel J, Wille R, Beier KM (2007) Schwangerschaftsnegierung als reproduktive Dysfunktion: Ein Vorschlag für die internationalen Klassifikationssysteme. Sexuologie 14:(3–4):66–77

Wetzels P (1997) Prävalenz und familiäre Hintergründe sexuellen Kindesmißbrauchs in Deutschland: Ergebnisse einer repräsentativen Befragung. Sexuologie 4(2):89–107

Willaschek M (2024) Kant. Die Revolution des Denkens, 2. Aufl. Beck, München

World Federat Societ Biol Psychiatry 21(6):412–490. https://doi.org/10.1080/15622975.2020.1744723

World Health Organization, WHO (1993). Internationale Klassifikation psychischer Störungen: ICD-10, Kapitel V (F): Klinisch-diagnostische Leitlinien. Huber, Bern

World Health Organization, WHO (2013). Global and regional estimates of violence against women: Prevalence and health effects of intimate partner violence and non-partner sexual violence. https://www.who.int/publications/i/item/9789241564625

World Health Organization, WHO (2018). International Statistical Classification of Diseases and Related Health Problems (Eleventh Revision). https://www.who.int/classifications/icd/en/. Zugegriffen am 25.02.2025

Zeki S, Romaya JP (2010) The brain reaction to viewing faces of opposite- and same-sex romantic partners. PLoS One 5(12):e15802. https://doi.org/10.1371/journal.pone.0015802

Zimmermann T, Heinrichs N (2011) Auswirkungen einer psychoonkologischen Intervention für Paare auf die Sexualität bei einer Brustkrebserkrankung der Frau. Z Gesundheitspsychol 19(1):23–34

MIX
Papier aus verantwortungsvollen Quellen
Paper from responsible sources
FSC® C105338

If you have any concerns about our products,
you can contact us on
ProductSafety@springernature.com

In case Publisher is established outside the EU,
the EU authorized representative is:
**Springer Nature Customer Service Center GmbH
Europaplatz 3, 69115 Heidelberg, Germany**

Printed by Libri Plureos GmbH
in Hamburg, Germany